다 쓰고 남은 걸 저축하는 게 아니라,
저축하고 나서 남은 게 있으면 써라.

워렌 버핏

당신이 돈을 빌릴 때마다,
당신은 스스로 당신의 미래를 훔치는 것이다.

네이트 모리스

아주 천천히, 느리지만 완벽하게

돈 버는 법

아주 천천히, 느리지만 완벽하게

돈 버는 법

펴낸날 2020년 11월 25일 1판 1쇄

지은이 윌리엄 안
펴낸이 강유균
기획·홍보 김아름
교정·교열 이교숙, 양다은
경영지원 이안순
디자인 바이텍스트
마케팅 신용천

펴낸곳 리드리드출판(주)
출판등록 1978년 5월 15일(제 13-19호)
주소 경기도 고양시 일산서구 고양대로632번길 60, 207호(일산동, 대우이안)
전화 (02)719-1424
팩스 (02)719-1404
이메일 gangibook@naver.com
홈페이지 www.readlead.kr
포스트 https://post.naver.com/gangibook

ISBN 978-89-7277-344-3 (03320)

* 잘못된 책은 바꾸어 드립니다.
* 책값은 뒤표지에 있습니다.

이 도서의 국립중앙도서관 출판예정도서목록(CIP)은 서지정보유통지원시스템 홈페이지(http://seoji.nl.go.kr)와
국가자료공동목록시스템(http://www.nl.go.kr/kolisnet)에서
이용하실 수 있습니다.(CIP제어번호 : CIP2020043546)

아주 천천히,
느리지만
완벽하게

윌리엄 안 지음

돈 버는 법

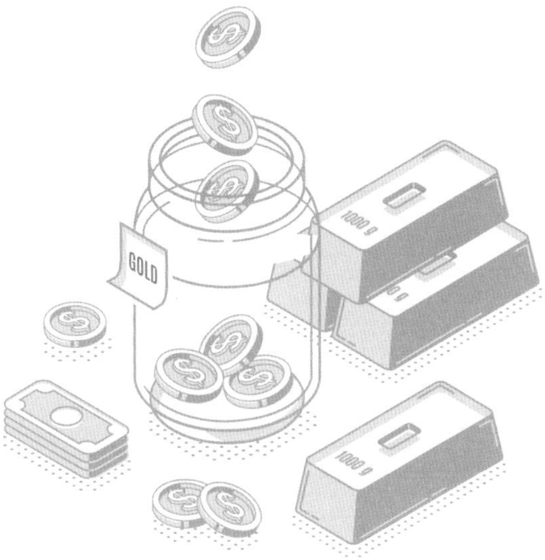

Slow money

부의 자유를 찾아가는 '터틀 스텝 10단계'

리드리드출판

프롤로그

아주 천천히, 완벽하게 돈 벌기

_'터틀 스텝 10단계'에 들어가며

토끼와 거북이가 살았다. 토끼는 빠르고 거북이는 느렸다. 토끼가 거북이를 느림보라 놀리자, 거북이는 토끼에게 경주를 제안한다. 경주가 시작됐다. 당연히 토끼가 훨씬 앞서 나갔고, 자만한 토끼는 경주 중간에 긴 낮잠에 빠졌다. 쉬지 않고 묵묵히 걷던 거북이는 드디어 토끼를 추월했고, 경주에서 이겼다.

누구나 다 아는《이솝우화》에 나오는 '토끼와 거북이'라는 짧은 이야기다. "느려도 거북이처럼 꾸준히 노력하면 승리한다."라는 교훈을 주는 이 이야기는 어릴 적 읽은 동화이다. 하지만 지금은 빠르게 변하는 절대 경쟁의 사회다. 어린 시절 교훈에서 얻은 다짐과 달리, 점차 '느림보 거북이처럼 살다가는 큰코다친다.'라고 생각하게 되었다.

나는 경제학자도 금융전문가도 재무설계사도 아니다. 몇 년 전 '내가 하는 사업에 도움이 될까?'라는 생각으로 온라인 MBA를 경험하긴 했지만, 돈을 버는 데 그리 도움이 되지는 않았다. 나의 사업철학은 "돈을 벌려면 토끼처럼 뛰지 말고 거북이처럼 걸어야 한다."라는 것이다. 실전에서 얻은 내 방식이 '부자가 되는 진리'라고 생각했다. 이 책은 돈 버는 방법에 관한 안내서다. 그것도 순전히 내가 경험한 것을 토대로 했다.

돈의 루저loser(실패자)에서 돈의 위너Winner로 환생하는 방법을 나는 '터틀 스텝 10단계'로 소개한다. 물론 '터틀 스텝'은 사전에 나오지 않는 내가 만들어낸 콩글리시다. 거북이Turtle와 걸음Steps을 합성시킨 말로, 한 단계 한 단계 부자의 길로 들어가는 과정의 등급 명칭일 뿐이다. '부자 되는 터틀 스텝'으로 명명된 이 방법은 '부의 이론서'가 아니라 '부의 실전서'이다.

이 책은 내 경험을 바탕으로 사실적인 조언과 그를 뒷받침하는 자료들로 이루어져 있다. 가능한 한 경제적 어려움으로 고통을 호소하는 사람들이 쉽고 천천히 밟아나갈 수 있는 실전경험을 소개했다.

만약 내가 경험하지 못한 일을 말한다면 그 말이 무슨 소용 있겠는가? 이 책에는 나의 성공비법이 담겨 있다. 내가 경험한 '현실적인 성공법'에 대한 이야기다. 이 책의 모든 이야기는 돈에 관한 내용이다. 아니, 단순한 '돈 이야기'가 아니라 '돈을 벌어라!'는 이야기다.

한국의 노인빈곤율이 OECD 국가 중 최고 수준이고, 노인자살률 역시 최고 수준이라는 이야기를 듣곤 한다. 이는 돈 문제와 무관해보이지 않아서 먼 이국에서 바라보기에도 상당히 마음이 아프다. 돈은 우리 일상의 풍요, 행복, 안정과 떨어뜨려 놓을 수 없는 삶의 수단이기 때문이다.

전 세계 0.9%의 인구가 세계 부의 44% 이상을 소유하고 있다. 슬픈 이야기지만 이것은 현실이다. 이러한 부의 쏠림현상은 제4차 산업혁명 시대의 가속도를 밟아 앞으로 더욱 커질 것으로 전망된다. 미국도 소득 상위 1%가 소유한 재산이 미국인이 가진 전체 재산의 33% 이상을 차지한다. 이를 미국 노동자 연간소득의 중간치로 나누어 계산해보면 매년 6천만 명 이상의 노동자를 고용할 수 있는 규모다. 이를 소비영역에서 보면 소득 상위 5%가 소비하는 비율이 전체 소비의 3분의 1이나 된다는 말이다.

만약 당신이 상위 부자 그룹인 0.9%에 속한 사람이라면 이 책을 굳이 읽을 필요가 없다. 하지만 매일매일 돈 걱정을 하며 숨이 턱턱

막히는 일상을 보내는 사람이라면 일독을 권한다. 수많은 사람이 매일 돈을 주제로 여러 이야기를 나눈다. 돈에 관한 이야기의 대부분은 돈을 걱정하는 내용일 것이다. 나는 걱정만 하기보다 다른 방식을 찾아 '부의 무빙워크'에 함께 올라타기를 권한다.

부자에 대한 정의와 그에 따른 숫자개념은 사회마다 조금씩 다르다. 이 책에서는 무조건 양적으로 많기만 한 절대적 부를 추구하기보다 부에 대한 개념과 함께 부자답게 부를 누리는 길을 열어주고자 한다. 돈으로 삶을 대하는 태도와 돈으로 감정적 풍요를 누리는 측면에서 '진정한 부富'가 필요하기 때문이다.

지금 난 나이 50을 바라본다. 불행히도 난 부잣집에서 태어나지 못했다(내가 살아온 치열했던 삶을 뒤돌아보면 이걸 대놓고 '불행'이라고 이야기할 수도 있다). 그런데 다행히도 지독한 '흙수저'는 아니었다. 다행이라고 말하는 이유는 그래도 부모님께서 내게 기본적인 교육은 받게 해주셨기 때문이다. 우리 세대는 학벌이 어느 정도 안정된 생활을 보증하는 수단이 되었다. 하지만 밀레니얼(1982~2000년 사이에 태어난 신세대) 세대에겐 이마저도 그다지 믿을 만한 수단이 아니어서 안타깝다. 이것이 내가 이 책을 쓰게 된 이유 중 하나이다.

내가 교육을 받고 대학을 다니던 그 시절의 우리 부모님들은 고도 성장시대, 높은 이자를 바탕으로 한 금융전성시대를 보냈다. 그 때문에 노력하는 만큼의 결실을 얻기가 지금보다 수월했던 거 같다. 대학등록금 역시 지금의 소득대비 금액보다 낮았다. 인류역사상 이전 세대보다 더 성장하지 못하는 유일한 세대가 바로 밀레니얼 세대라고 말할 수 있을 만큼 지금의 20~30대 청년들은 각박한 세상을 살아가고 있다. 이전 세대의 성공 패러다임과 성공의 공식으로 삶을 논하기에는 너무도 많이 변한 것이다.

내가 대학을 졸업하고 첫 직장을 잡을 때는 지금처럼 경쟁이 심하지 않았고, 꽤 많은 선택의 기회가 있었다. 한국은 조기교육까지 합치면 초중고까지 15년은 족히 명문대 입학을 위해 죽도록 공부한다. 그런데 아이러니하게도 대졸자뿐만 아니라 석박사 학위를 가진 사람들까지도 대체로 철밥통으로 불리는 공무원이 되는 게 꿈이라고 한다. 혹자는 지금의 청년들이 너무 쉬운 것만 하려 한다고 나무라기도 한다. 나 같은 꼰대들의 이야기다.

중소기업은 일자리가 남아도는데 취직을 안 한다고 혀를 차는 꼰대들도 있지만, 무시해도 되는 구시대적 사고라고 생각한다. 수많은 대학과 수많은 대졸자를 양성해놓았지만, 교육수준에 맞는 일자리는 늘 부족했다.

젊었을 때는 나도 윗세대 같은 꼰대가 되지 않으리라 생각했다. 하지만 지금은 나 역시 "라떼는 말이야~."라는 말로 시작하는 꼰대 같은 잔소리를 하는 일이 잦다. 이 책 역시 꼰대가 된 내가 지금의 밀레니얼 세대에게 하고 싶은 이야기를 담은 책이라고 볼 수 있다. 그것도 '돈 버는 법'에 관한 다소 통속적인 주제이다.

이 성공법은 장기전이다. 미래를 힘차게 대비해야 할 젊은이들이 많이 읽고 도전했으면 한다. 이 책을 읽고 "당신 생각은 너무 올드하다."라고 말할 수도 있다. 당연하다. 나는 그들과 다르고, 그들의 나이를 지나온 꼰대이기 때문이다. 그런데 살다 보면 그 꼰대의 시선이 꽤 요긴하게 필요할 때도 있다.

젊은 사람의 발전된 방식을 적용하는 건 그 이후 문제다. 내가 이 책을 읽을 독자보다 더 빨리 돈을 벌었고, 그 과정에 방법이 있다는 것을 터득했다. 물론 그 방법을 '공식'이라고 말하긴 어렵겠으나 성공하는 사람과 그렇지 못한 사람의 행동과 선택, 삶을 살아가는 방식에는 차이가 있는 것도 사실이다. 그래서 어떤 계기로든 생각과 습관을 바꿔야 한다. 그래야 가장 중요한 '행동'이 바뀌고, 그 행동이 돈을 벌어다준다.

지금 당신 주변에서 온라인이나 지면을 통해 엄청나게 많은 돈을 벌고 있다고 자랑하는 사람들의 말에 흔들리지 마라. 제대로 돈을 버는 사람들은 쉽사리 자신을 드러내며 요란 떨지 않는다. 돈을 벌게 해주는 트렌드는 변해도, 자신의 가치관이 확고하다면 트렌드에 상관없이 부의 바탕을 이룰 수 있다.

어떤 책은 자신의 가치를 발견해서 자신이 좋아하는 일로 세상을 바꾸라고 한다. 그렇게만 하면 부가 따라온다고. 물론 그럴 수만 있다면 아주 행운이지만 극소수에게만 적용되는 남의 이야기다. 돈 좀 벌었으니 뭔가 포장해 자랑하고 싶은 사람들의 허세일 뿐이다. 돈 좀 벌었다는 자기 환상에 사로잡혀 정말 자신의 힘으로 모든 걸 이뤄낸 사람인양 무용담을 쓰는 사람들을 경계해야 한다. 돈을 버는 일에는 '뜬구름 잡기'보다는 '돈 버는 전략'이 필요하다는 뜻이다.

단언하건대, 돈을 버는 길은 고통스럽고 처절하고 인간적이지 않다. 그 일을 버텨낼 마음가짐이 없다면 아예 시작하지 마라. 남의 금金길을 걸으며, 그 금이 자신의 것이라 착각하지 마라. 그 금은 당신 것이 아니라 어떤 돈 많은 허풍쟁이의 것이다. 그는 운이 좋아 부자 아빠나 부자 엄마를 만난 사람이고, 그 금 길은 그가 뻐기고 자랑하며 지나간 길일 수 있다. 당신은 그 길이나 닦아주는 일에 그칠 가능성이 크다. 하지만 그 길을 닦기 위해 그 허풍쟁이들이 정말로 지나갔었을 수 있는 흙길을 걷는 법도 배울 수 있다면 어디든 가서 반드시 배워라. 그래야 가짜 부자들을 극복하고, 나 스스로 진짜 부를 이루고 설 수 있게 된다.

《탁월한 사유의 시선》을 쓴 최진석 교수는 '인문'을 '인간이 그리는 무늬'라고 표현했다. 흔히 돈을 벌려면 "인문학을 공부하라."고 말한다. 인간이 그리는 무늬를 따라 돈이 이동하고, 부를 예측하고, 그 이동하는 길목에서 자루에 넣는 사람이 부자라는 것이다.

하지만 당신은 아직 그 수준에 들어서지 않았을 가망이 크다. 당신은 다른 사람이 만들어놓은 판 위에서 그 방법을 따라 해보며 더 배우고 더 벌어야 한다. 그 다음에 자신만의 판을 벌이기 위한 아이디어를 찾아라. 그 아이디어는 독특해야 한다. 독특함이라는 것은 기존의 판을 조금 비튼 것만으로도 충분하다. 그 정도 수준을 이룰 수 있다면 아마 더 많은 부를 이루게 될 것이다.

돈을 어떻게 아껴서 저축하고 벌어야 하는지, 실제적인 기술들을 가르치는 책들과 정보는 넘쳐난다. 하지만 정작 돈을 벌어야 하는 이유와 마음가짐에 대한 솔직한 이야기를 들려주는 매체는 찾기 힘들다. 긍정적인 사고를 가지라거나 꿈을 키우라거나 등 우물 속에 앉아서 하늘을 보는 것처럼 좌정관천坐井觀天식 책과 권유들만 난무한다.

그 상황에서 나는 우물 밖으로 나와 대지 위에서, 비와 눈이 오는 하늘을 바라보며 솔직한 이야기를 나눠보고자 한다. 돈 버는 실전 테크닉에 대해서는 말하는 곳이 넘쳐나니, 그 시작점인 마음가짐에 대해서 더 솔직하게 이야기해보고 싶다. 사는 것은 시간을 어딘가에 투자하는 일이다. 누군가 이 책을 읽는 데 들인 시간이 결코 헛되어서는 안 된다고 생각한다.

난 이 책에서 토끼처럼 빠르고 약게 살아야 성공하고 돈을 번다는 생각에 철저히 반기를 들 것이다. 돈을 벌려면 거북이처럼 천천히, 그리고 지속적으로 행동을 바꿔나가야 한다. 그리고 꾸준히 걸어 나가야 한다. 쉽게 번 돈은 힘이 없다. 하지만 어렵게 번 돈은 적은 돈도 소중하고, 일정하게 모은 목돈일수록 더 큰 파급력을 지닌다. 행여 무너지더라도 '지속'이라는 방법을 알기에 다시 시작할 수 있다. 자신이 수행하는 행동에 담긴 태도와 지속성으로 이뤄낸 부는 쉽게 무너지지 않는 큰 힘을 가진다.

'토끼와 거북이' 이야기에서 경주를 제안한 쪽은 토끼가 아니라 거북이다. 자신을 놀리는 토끼를 향해, 질 게 뻔한 경주를 제안한 거북이의 무모함 속에서 지혜를 배워보자. 이렇게 상상해보자. 그들이 산봉우리 두 개를 넘는 경주를 시작했을 때 어쩌면 중간에 강이 있었을지도 모른다고. 만약 그렇다면 거북이는 쉽게 헤엄쳐 건넜을 것이지만, 토끼는 힘들었을 것이다. 이 책의 상상력은 바로 거기에서 시작

됐다.

만약 그 강까지 가보지도 않은 채 포기했다면 우화 속 거북이는 평생 토끼를 이길 수 없는 영원한 패자로 살았을 것이고, 애초에 경주를 제안하지 않았다면 이기는 경험도 당연히 없었을 것이다. 여기서 강은 우리가 살면서 맞닥뜨릴 수 있는 재정위기나 경제위기로 비유할 수 있다. 당신은 거북이가 되고 싶은가, 아니면 토끼가 되고 싶은가?

약삭빠르게 돈을 번 사람이기보다 빚을 청산하고 꾸준히 저축하자. 그리고 그 돈으로 중위험·중수익 정도의 투자를 오랜 시간 지속하자. 이 책은 바로 경주에서 이긴 거북이처럼 당신을 '부의 길'로 들어서게 해줄 것이라 확신한다.

별로 재미없을 거 같은가? 아니다. 생각보다 재미있을 것이다. 돈 버는 법과 개념, 그에 따른 실질적인 마음가짐에 대해서 조금이나마 도움이 되길 바란다.

월리엄 안 William Ahn

차례

제3장
돈에는 미신이 없다

제4장
부자 되는 '터틀 스텝 10단계'

[체크리스트]

누가 이 책을 읽어야 하는가?

1. 부자 아빠 부자 엄마가 없는 사람
2. 돈 걱정 안 하면서 살고 싶은 사람
3. 부자 아빠 부자 엄마를 둔 사람을 보면 샘이 나고 화가 치미는 사람
4. 세상이 너무 불공평하다는 말을 항상 입에 달고 사는 사람
5. 배우자와 함께 돈을 벌어도 만족하지 못하는 사람
6. 돈 때문에 항상 스트레스를 받는 사람
7. 배우자와 일주일에 3번 이상 돈 문제로 언쟁을 벌이는 사람
8. 주식과 부동산의 대폭락이 왔으면 좋겠다고 생각하는 사람
9. 내가 못 벌면 남도 못 벌어서 다 같이 망했으면 좋겠다고 생각하는 사람
10. 이번 생은 망했으니 '지금, 이 순간'을 즐기자고 생각하는 사람

*** 부자 아빠 부자 엄마란?**

- 대도시에 집 한 채 사줄 수 있을 정도로 재력을 가졌다.
- 일을 안 해도 아빠나 엄마의 돈으로 평생 먹고살 수 있다.
- 내가 직장에 다녀도 부모가 내 생활비를 50% 이상 지원해줄 수 있다.
- 부모가 오너로 있는 회사에 다니면서 월 5천 달러 이상 받을 수 있다.
- 월 5천 달러 이상 벌 수 있는 카페 등을 차려줄 재력이 있다.
- 건물을 물려줘서 월세를 받아 충분히 생활할 수 있다.

위 열 가지 체크리스트 중에서 절반 이상 해당된다면 '터틀 스텝 10단계' 코스를 실행하기 바란다.

제1장

돈 바로 알기

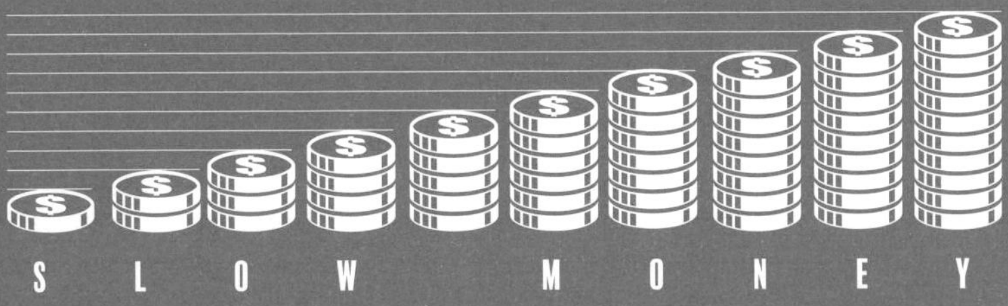

S L O W

M O N E Y

돈을 이해하고 돈을 알아야 돈을 번다. 돈에 관심 있는 사람은 두 부류다. 돈을 좋아하는 사람과 돈을 사랑하는 사람이다. 돈을 좋아하는 사람은 돈을 버는 것으로 끝나지만 돈을 사랑하는 사람은 부를 이룩한 후 인생을 양질로 지켜낼 수 있다. 돈을 버는 목적과 돈에 대한 이해를 높여줄 다양한 주제들을 만날 수 있다.

얀테의
법칙

세계에서 가장 행복지수가 높은 나라는 어디일까? 국민 행복지수 조사에서 단골로 1위에 오르는 나라가 있다. 바로 덴마크다. 복지 수준이 높고 평등을 중시하는 사회라 나온 결과일 수도 있으나 북유럽에서 통용되는 개념인 '얀테의 법칙Law of Jante' 때문이라고 말하는 이들도 많다.

[얀테의 법칙]

* 당신이 특별한 사람이라고 생각지 마라.

* 당신이 다른 사람보다 착한 사람이라고 생각지 마라.

* 당신이 다른 사람보다 더 똑똑하다고 생각지 마라.

* 당신이 다른 사람보다 더 낫다고 자만하지 마라.

* 당신이 다른 사람보다 더 많이 안다고 생각지 마라.

* 당신이 다른 이보다 더 중요한 사람이라고 생각지 마라.
* 당신이 모든 것을 잘한다고 생각지 마라.
* 다른 사람을 비웃지 마라.
* 다른 사람이 당신에게 관심이 있다고 생각지 마라.
* 당신이 다른 사람에게 뭔가를 가르칠 수 있다고 생각지 마라.

이 얀테의 법칙은 '방어적 비관주의'라 불리기도 한다. 언제든 부정적 결과가 나올 수 있다는 것을 알고 살아갈 때, 나 자신이 특별하지 않은 보통사람이라는 것을 인정할 때 오히려 사람이 느낄 수 있는 불안감이 줄어든다는 것이다. 예상치 않은 불행이나 위험이 닥쳤을 때, 삶이 원래 그럴 수 있다는 것을 예상하고 인정하고 살아온 사람에게는 그 일이 그리 심각하지 않다. 힘들지만 금세 현실로 인정하고 대책을 찾아 무너지지 않는다. 훈련이 된 것이다. 이는 실로 현명하기 그지없는 생각법이다.

그러나 자신이 특별하고, 남보다 더 착하고, 남보다 더 똑똑하고, 남보다 더 관심을 받고 있고, 남보다 더 중요하다고 생각하는 사람은 다르다. 어느 날 불행이 닥치거나 위험에 처하게 됐을 때 그런 사람은 치명적이다. 그런 사람들은 위기를 극복하지 못하는 경우가 많다. 연예인이나 유명인의 자살률이 높은 것도 그와 무관치 않다.

《절제의 기술》 저자 스벤 브링크만은 도널드 트럼프 미국 대통령을 "온갖 허풍과 확고한 자신감으로 무장한 긍정적 사고의 화신이다."라고 말한다. 그의 허풍과 거짓말은 셀 수 없을 정도라는 걸 누구나 다 안다. 그는 "자신은 절대 누구에게도 지지 않으며 원하는 것은 무엇이든 가질 수 있다."라는 식의 '잘못된 긍정'적 사고를 하는 사람이다. 스벤 브링크만은 "나는 트럼프야말로 욕망의 쳇바퀴를 끊임없이 굴리는 한계를 모르는 문화의 표본이라 말하겠다. 절제의 중요성 따위는 전혀 알지 못하는 욕망의 화신들을 양산해내는 문화의 위험한 산물이다. 그는 지금 당장, 이 세상 모든 것을 자기 손에 넣고야 말겠다는 탐욕스러운 마음의 상징이다."라고 말한다.

경제적 독립과 주도적 삶의 자유를 찾음에 있어서 우리에게 "내가 뭐든지 할 수 있다."라는 식의 긍정적 믿음은 때론 상당히 위험해보인다. 위험한 방법과 사고로 떼돈을 벌 수 있을지 모르지만, 이는 탐욕스러운 마음의 상징이 될 뿐이다.

지금 당장 아껴 쓰고, 그 돈으로 빚을 갚고, 그리고 매달 벌 수 있는 금액을 조금이라도 늘려서 증명된 투자방법으로 장기투자를 시작하라. 이것은 바로 일반 평범한 사람들이 부를 쌓는 데 발생하는 위험성을 줄이는 대표적인 방법이다.

자수성가한 부자 중 많은 이의 급여가 그리 높지 않았다는 결과는 놀랍다. 그 부자들은 바로 얀테의 법칙 같은 '방어적 비관주의'를 누가 가르쳐주지 않아도 이미 생활화하고 실천하며 살고 있었다.

인생은 짜장면과 같습니다. 텔레비전에서 짜장면 먹는 모습을 보면 참 맛있어 보이는데 막상 시켜서 먹어보면 맛이 그저 그래요.

- 혜민 《멈추면, 비로소 보이는 것들》 중에서

당신은
행복해지고 싶은가?

타인이 정의한 행복의 기준에 자신을 끼워넣지 마라. 자신만의 행복의 기준을 세워라. 현재의 내가 정말 행복한가? 돈 없이도 행복한가? 냉정하게 생각하라. 행복한 척하는 것과 진짜로 행복한 것은 다르다.

'행복'의 사전적 정의는 이렇다.

[행복] 생활에서 충분한 만족과 기쁨을 느껴 흐뭇함. 또는 그러한 상태.

당신이 생활에서 충분한 만족감과 기쁨을 느끼고 있다면 아마도 이 책을 읽지 않을 것이다. 사실 인간의 삶은 그다지 행복하지 않다. 태어나면서부터 걷고 일어서기 위해 죽도록 중력과 싸운다. 학교에 가면 어떤 분야에서든 잘난 친구들 틈에서 내가 얼마나 보잘것없는

지 느끼며 산다. 그런데 사회에 나오면 더 큰 시련이 기다린다. 그때 느끼는 스트레스의 정도는 극대치가 아닐 수 없다. 여기에 가정을 가지고 아이가 태어나면 그보다 더 큰 스트레스가 세상에 존재한다. 하루하루 먹고사는 일이 지옥 같고 열심히 살아도 생활은 나아지지 않는다. 그렇게 나이가 들면 더 힘든 삶이 기다린다. 몸은 아프고 모아놓은 것은 없고, 자식은 결혼하겠다며 금전적으로 도움을 달라고 한다. 이런 패턴이 보통사람들의 인생이다.

많은 사람이 소셜미디어에 자기가 얼마나 맛있는 음식을 즐겨 먹는지, 유명인과 인간관계를 맺고 있는지, 일상생활은 또 얼마나 아름답고 행복한지를 앞다투어 올린다. 그런데 그것은 자신이 행복하지 않다는 반증일 수 있다. 진짜 행복하다면 굳이 그런 내용을 공유해서 남들이 자신의 삶을 봐주기를 기대할 필요가 없다. 혹자는 소셜미디어에 포스팅하는 내용을 아무도 안 봐줘도 좋다고 말한다. 하지만 조회수나 댓글에 연연하는 것을 보면 변명에 불과하다. 올리는 행위 자체가 이미 타인의 관심을 받고자 하는 의미다.

현재에 만족하고 행복해하라는 내용의 수많은 자기계발서가 왜 나오는지 생각해본 적이 있는가? 종교지도자들의 메시지를 이야기하는 게 아니다. 그들은 우리와 다른 레벨이다. 그들은 이미 자신을 통찰하고 있으며 행복에 대하여 성찰하고 있다. 하지만 우리는 그 수준이 아니다.

욕심을 버리고 현재에 만족하라는 메시지는 이미 위너인 사람들의 말이다. 나도 우리 직원들에게 그냥 지금 행복하게 열심히 만족하며 일하라고 말한다. 솔직히 말하자면 그래야 내가 편하기 때문이다. 위너들은 알고 있다. 지금 이대로가 자기들에게 얼마나 좋은 상태인지. 그래서 다른 사람들이 자신들의 비법을 아는 걸 원하지 않는다. 그들의 마음은 지독하게 검고 얼굴은 철면피처럼 두껍다. '워라벨'이니 '소확행'이니 하는 것은 위너들이 당신을 안심시키려고 만들어낸 말이다. 그들은 당신이 진짜 세상을 아는 걸 원하지 않는다.

당신의 학교 동기는 당신보다 훨씬 큰 아파트에 살고, 좋은 차를 타고, 안정된 고액연봉을 받는 직장에 다닌다. 다른 동기 하나는 의대를 나와 요지에 성형외과를 차려 엄청난 돈을 벌고 있다. 비행기는 언제나 비즈니스 클래스를 이용한다. 이래도 지금 가진 것에 만족하고 행복한가? 그런데 다들 그러라고 가르치는 데엔 이유가 있다. 그들이 누리는 것들을 당신이 알아버려서 같이 누리자고 쫓아올까 봐 두려워하는 것이다. 한 명의 경쟁자가 더 생기기 때문이다.

물론 인도 빈민촌의 생활상을 보고 '그래, 그래도 난 참 가진 게 많아.'라며 자기만족을 하면서도 살 수 있다. 그게 편할 수도 있다. 하지만 명심하라. 당신은 자본주의라는 아주 냉혹한 현실 속을 살고 있다. 모든 것은 위너가 갖고 있다. 루저에게는 자신들을 위해 참고 버티며 일하는 최소한의 돈을 지불하고 있다. 내 말이 너무 비약적이라고 말하고 싶은가? 냉정하게 주위 사람들을 둘러보라. 그리고 자신의 월급명세서를 자세히 들여다보라. 내 말이 틀린가?

내가 와보니 미국이라는 나라는 참으로 기회가 많았다. 하지만 그 기회를 잡기는 한국만큼이나 쉽지 않았다. '아메리칸 드림'은 옛말이고 절대 경쟁만 있는 자본주의의 나라 그 자체였다. 기회를 잡지 못하면 미국만큼 더 처참한 현실을 눈앞에서 보여주는 나라도 드물다. 보험 들 돈이 없어서 병원에 가지 못하고 죽어나가는 현실을 보여주는 나라가 미국이다. 하지만 병원비를 지불할 능력을 갖고 있다면 마치 1인실 호텔에서 쉬는 듯이 케어받으며 병에서 자신을 지켜낼 수 있다. 그런데 이런 환경과 혜택을 이룰 기회를 쉽게 가질 수 있을 거라고 꿈에도 생각지 마라.

자신이 어떤 타입인지 헷갈린다면, 행복을 향해 달려가지 말고 차라리 돈을 향해 달려가라. 상황이 만들어지면 행복은 따라온다. 돈은 좇는 것이 아니라고들 한다. 이 말도 위너와 부자들이 만들어낸 이야기다. 돈을 좇고, 돈을 벌어서 삶의 상황을 당신이 원하는 방향으로 만들어야 행복이 따라온다.

행복의 정의는 '생활에서 기쁨과 만족감을 느껴 흐뭇한 상태'라고 한다. 생활의 기쁨과 만족을 느끼기 위해서는 재정적 독립이 첫 번째 조건이다. 그 조건이 이루어지지 않은 채 행복을 추구한다면 대부분 어려움에 봉착하게 된다. 물론 가능한 사람도 있겠지만, 끊임없이 불안에 시달릴 것이다. 그럴 바에 난 힘들어도 더 높은 확률에 투자하는 것을 즐긴다. 의지는 상황을 이기지 못한다. 상황이 좋아져야 의지도 생기고 열정도 생긴다. 의지와 열정이 생겨야 새로운 아이디어가 떠오르고, 아이디어가 떠올라야 창의성도 튀어나온다. 그때가 돼야 하고 싶은 일을 할 수 있다. 그 모든 것이 수렴되어 뭔가를 이루어낼 때, 꿈을 꾸고 이상을 향해 달려야 하는 것이다.

지금은 상황을 어떻게든 바꾸겠다는 의지가 필요하고, 그 의지는 상황이 조금씩 나아지며 동시에 강해질 것이다. 하지만 과정은 쉽지 않다. 스트레스도 머리끝까지 차오른다. 그래서 상황과 결과를 함께 주시하며 달려야 한다. 그것도 자신이 세운 눈앞의 작은 목표들을 이뤄가며. 그러지 않으면 지쳐서 꿈은커녕 건강만 나빠진다. 미국생활 초기의 내가 그랬다.

인간의 삶은 원래 기본적으로 좀 외롭고 우울하다. 흐린 날 대부분에 가끔 맑은 날이 있는 게 인생이다. 난 매일 행복하다고 이야기하는 사람을 믿지 않는다. 그리고 면접 볼 때 자신이 똑똑하다고 이야기하는 사람을 뽑지 않는다. 최소한 내 경험에서는 한 번도 사실로 드러난 적이 없다고 생각하기 때문이다.

항상 행복해보이고 즐거워보였던 사람이 우울해지면 상황이 더 위험한 걸 자주 볼 수 있다. 자신의 감정을 잘 모르고 살다가 막상 힘들고 어려운 상황에 닥치면 아주 크게 당황하기 때문이다. 그래서 종종 아주 행복해보였던 사람들이 급작스레 나쁜 결정을 하는 경우가 많다.

이제는 냉정하게 지금 당신이 익숙하게 느끼는 것들과 작별을 고해야 한다. 그 길만이 돈을 더 벌고 궁극적으로 행복해질 수 있다. 이유는 간단하다. 익숙하고 편한 생을 살며 돈을 더 벌지 못하는 길을 이미 걸어왔지 않은가? 하나씩 정리하고 집중하기 시작하면 주변이 아무리 시끄럽고 어수선해도 당신이 해야 할 일과 목적지가 보인다.

물론 많은 사람이 시도하는 복권이 답일 수도 있다. 하지만 당첨확률이 지나치게 낮다는 것을 잘 알고 있다. 지금 한가하게 확률 낮은 게임을 할 시간이 없다. 자산 한 푼 가지지 못하고 금방 30~40대가 지날 것이고, 이미 늦었다고 생각할 때 50대에 들어선다. 내 말이 틀렸는지 주변을 둘러봐라.

돈을 벌고 싶다면 현재의 생활을 부정하고 고독해져야 한다. 고독이 반드시 '외롭다'의 동의어는 아니다. 인간은 누구나 외롭지만 누구나 고독하지는 않다. 고독하다는 것은 주변상황에 구애받지 않고 홀로 잘 서 있다는 것을 의미한다. 돈을 버는 방법은 외롭고 고독하다. 남들과 똑같이 행동하고 어울려서는 더 가질 수 없다. 익숙한 자신을 부정하고 벗어나야 한다. 그러면 자연히 외롭고 고독해진다.

고독해지면 객관적인 시선이 발달하고, 그 무엇보다 스스로의 삶이 객관적으로 보이기 시작한다. 내 주변에 정말 의미 있는 것들을 객관화할 수 있고, 그렇게 진정한 고독의 길을 걷기 시작하며 돈을 벌게 된다. 고독해야 군중에서 벗어나고, 군중에서 벗어나야 자신의 활동이 시작된다. 자신의 활동이 시작되면 생산력이 생긴다.

힘들고 짜증나고 우울하고 무력감을 느낄 때 우리는 전문가에게 정신과 상담을 받는다. 하지만 그런 감정의 밑바닥에 무엇이 있는지 스스로 잘 살펴보는 게 더 중요하다. 정말 그게 감정적 문제이기만 한가? 진정 내 마음이 약해져서 일어나는 일인가? 그 바닥을 들여다보면 이런 힘든 감정들의 기저가 실은 현실적 문제에 닿아 있음을 알게 된다. 가정의 불화, 찾기 어려운 일자리, 직장이 마음에 들지 않아 매일이 지옥 같은 아침 출근길, 매일 돈 걱정을 해야 하는 일 등등.

당신의 마음상태는 현실, 즉 돈과 항상 맞닿아 있다. 현실을 바꾸지 않고서는 이런 감정들을 절대로 이기거나 극복할 수 없다. 정면으로 부딪혀서 이겨야 극복되는 감정이다. 물론 전문가나 가족 또는 친구들의 도움이 필요할지도 모른다. 하지만 현실이 바뀌어야 나의 마음상태도 바뀐다.

시간이 없다. 세상은 정말 빠르게 변한다. 우물쭈물하다간 기회를 놓친다. 빨리 결정해야 한다. 빠르게 결정하는 법을 지금부터 연습해야 한다. 지금 판단이 들었다면 바로 시행하라. 때를 기다리고 찾다 보면 결국 안 될 이유만 찾게 된다. 그럼 이미 엄청 늦었는데 또 늦을 수밖에 없다.

인생이란 가까이서 보면 비극이지만 멀리서 보면 희극이다.

-찰리 채플린

공포를 이겨야 돈을 벌 수 있다

재벌 2세들이 "난 부모님 도움 없이 혼자서 다 이뤄냈어요."라고 말하는 걸 보면 정말 철없다는 생각이 든다. 투자의 큰 장애물은 사업 성패에 관한 공포를 이기는 것이다. 설령 그들이 스스로 어떤 사업 하나를 일으켰다 해도, 그 일을 시도하는 과정에서 느꼈을 공포(만약 있다면 그렇다)는 평범한 가정에서 자란 우리와는 동떨어진 다른 감정일 것이다. 그들은 부모에게 받은 돈으로 사업을 시작해서 다 날린다 해도 다시 돌아갈 부유한 집이 있기 때문이다.

본인이 잘나고 엄청 똑똑하고 출중한 능력을 가져서 부자가 된 듯 호들갑 떠는 도널드 트럼프 미국 대통령을 보라. 그는 아버지로부터 거금을 지원받아 부동산 사업을 시작했다. 그런 그가 1991~2009년 사이에 무려 여섯 번이나 사업파산 신고를 했다는 걸 아는 사람은 많지 않다. 물론 그가 부자 아빠를 만나고 부자 나라인 미국에서 태어나 사업을 할 수 있었다는 행운, 거기에 심심하면 온갖 거짓말을 날릴 정도의 두꺼운 얼굴을 가진 보기 드문 행운아임은 인정한다.

어쨌든 투자한 돈을 날리면 돌아갈 집조차 사라질 처지에 놓이는 평범한 사람들과는 상황 자체가 다르다. 헛소리는 그들의 자유지만 듣기에 기분이 좋진 않다. 물론 그들이 몰라서 하는 말일 것이다.

주변의 자영업하는 분들을 보라. 정말 힘들게 일한다. 그런 그들을 더욱 힘들게 하는 것은 혼신의 힘을 다 했지만 사업이 잘 안 됐을 때 가족들까지 곤경에 처하게 되는 상황에 대한 우려다. 공포라는 것은 사업을 할 때 가장 먼저 따라오는 감정이다. 그런 공포를 극복하지 않으면 새로운 일을 시도할 수 없다.

실패에 대한 두려움을 갖는 것은 너무나도 당연하다. 두려움과 공포는 기본적으로 인간의 뇌간Brainstem, 즉 진화의 과정에서 가장 선제된 뇌 부위에서 느끼는 본능적 감정이다.

그런데 흥미로운 것은 우리의 뇌는 더 큰 공포가 오면 현재의 공포를 못 느끼고 잊는다는 사실이다. 생뚱맞게 들리겠지만 얼마 전 내가 읽은 만성통증을 다룬 책에서 관련된 이야기가 나와 잠깐 언급하고자 한다(나는 만성요통에 시달려 평소 이 분야의 책을 자주 읽는다).

만성요통 환자들을 대상으로 실험을 진행했다. 첫 그룹 환자에게는 그들이 가진 병리病理에 대해 아주 상세한 설명을 했다. 예를 들어 디스크 돌출이 얼마나 진행됐는지, 어느 관절에 관절염이 심한지, 척추가 어느 방향으로 휘어서 부하가 걸리며 어느 정도 밸런스가 깨졌는지 등의 내용을 숫자로 설명하며 엑스레이와 MRI를 함께 보여줬다.

두 번째 그룹에게는 완전히 다른 설명방식을 취했다. 환자가 "제게 디스크가 있다는데요."라고 말하면 "원래 그 나이에는 디스크가 아주 흔하며 디스크 돌출과 통증의 연관관계도 확실하지 않습니다."라는 식으로 의학적인 사실만 답해주고, 환자들이 가진 병리 설명은 해주지 않았다. 대신 통증이 어떻게 느껴지는 것인지에 대한 설명만 해줬다. "통증이 어떤 감각신경을 통해 척추신경으로 올라가고, 뇌의 어떤 부분을 거치면 우리가 통증을 인식한다."라는 식의 통증의 경로만을 알려줬다.

그 실험결과는 매우 놀라웠다. 병리를 설명하지 않고 통증의 경로, 즉 인간이 왜 통증을 느끼는가에 대해 설명한 그룹에서 똑같은 치료에 대한 효과반응이 40% 이상 더 좋았다. 다시 말해 병리적으로 자세한 설명을 하게 되면 환자는 공포가 올라가고, 그 공포감 자체가 대뇌피질을 더욱 민감하게 만들어서 똑같은 치료지만 효과가 다르게 나타났다. 이처럼 뇌가 더 민감해져서 통증을 더 많이 느끼게 하는 것을 '뇌 감각의 집중화'현상이라고 표현하는데, 흥미로운 것은 더 큰 공포가 생기면 그 공포 쪽으로 뇌가 집중해 현재의 통증을 인식하지 못하게 한다는 것이다.

B는 어제 늦잠을 잤다. 그래서 좀 더 급하게 발걸음을 내디디는 중이다. 지하철 승강장에 도착해 시계를 보니 잘못하면 지각할 것 같다. 상사의 잔소리가 벌써 귀에 들린다. 죽기보다 싫은 잔소리다. 서둘러야 한다. 계단을 열심히 뛰어 내려갔다.

아뿔싸, 마지막 계단에서 결국 낭패를 봤다. 발을 헛디뎌 오른쪽 발목을 삔 것이다. 결국 지각했고, 상사에게 잔소리를 들었고, 점심은 빵으로 때우고 병원에 갔다. 그랬더니 인대를 다쳤다고 캐스트를 해주고 당분간 한쪽 목발을 짚으라고 한다. 정말 운수 더러운 날이다.

하필이면 또 오늘 저녁 고등학교 친구들과 모임이 있다. 오랜만에 만나는 거라 못 간다고 말하기도 그렇다. 고등학교 시절의 첫사랑 C도 나온다고 하니 더 마음이 싱숭생숭하다. B는 다리는 불편하지만 가기로 한다.

퇴근 후 서둘러 지하철을 타고 근처에 도착했다. 그런데 맛집이라며 예약한 장소가 하필이면 언덕길 중간쯤이다. B는 입에서 욕이 나오는 것을 참으며 첫사랑을 곧 만난다는 설렘에 목발을 짚고 절룩거리며 올라간다.

그런데 거의 도착할 때쯤 언덕 위에서 빠르게 내려오는 트럭을 발견한다. '어떤 미친놈인지 몰라도 이렇게 좁고 가파른 언덕에서 저런 속도로 내려오다니!'라고 생각할 겨를도 없이 B는 재빠르게 오른쪽으로 피했다. 큰일날 뻔했지만 다행히 별일 없었다.

그런 뒤 B는 놀란다. 트럭을 피할 때 다친 오른쪽 발목이 아프다는 것을 전혀 인지하지 못하고 목발을 허공에 든 채 재빨리 오른발에 체중을 싣고 차를 피했던 것이다. 불과 조금 전까지만 해도 체중 싣기도 힘들었던 아픈 발목이었다.

신기하지 않은가? 위기 앞에서 인간은 가공할 만한 위력을 발휘한다. 원리는 아주 간단하다. 우리의 뇌가 더 큰 공포 앞에서는 현재의 통증을 느끼지 못하기 때문이다. 위급한 상황을 벗어나는 것이 먼저이므로 우리 뇌가 알아서 통증 스위치를 내리고 몸을 반응하게 한다. 이제 그 다음 상황으로 가보자.

B가 첫사랑 C를 만난 것까지는 좋았는데, 이미 잘나가는 개업변호사를 만나 결혼해서 최고급 아파트에 산다고 한다. 화가 치밀어 오른 B는 맥주만 열심히 마셨다 그리고 집에 가려고 일어서는데 목발 짚은 오른쪽 발이 더 아파왔다.

돈을 더 벌고 싶은데 왠지 너무 힘들 것 같아 벌써부터 겁이 나는가? 지금 사는 일만으로도 힘들어 죽을 것 같은데, 뭔가를 더 노력해서 돈을 벌어야 한다고 생각하니 눈앞이 깜깜한가? 그나마 잠시라도 누리던 주말의 여유가 사치라니 무서운가? 그렇다면 더 큰 공포를 떠올려보자. 지금 이 상황이 지속됐을 경우 당신의 50대를 생각해보는 것이다.

집도 없고 직장에서의 봉급생활도 간당간당하여 하루하루 눈치보기 바쁘다. 아이는 커 가고 돈은 계속 들어가는데, 절대 오르지 않는 것은 월급과 아이의 성적이다. 더 나은 삶을 위해 다른 일에 도전하기에는 당장 한 달 생활비 벌기가 급급하다. 마누라와 싸움도 잦아진다.

돈 때문이다. 더 큰 문제는 10년 후다. 눈앞이 깜깜하다. 이제는 60대가 되어도 한창 젊은이로 일할 나이라고 하는데 뭘 하고 살아야 할지 생각만 해도 가슴이 답답하다. 걱정이 많아서인지 건강은 자꾸 나빠지고 몸도 아프다. 은퇴자금으로 준비된 것이라고는 매년 불어나는 빚뿐이다. 재수 없으면 100세까지 사는 시대라는데 생각할수록 잠이 안 온다.

더 말하지 않아도 이 정도면 충분한 공포 아닌가? 돈 버는 원리도 이와 같다. 더 큰 공포를 맞이하기 전에 지금 힘들면 된다. 현재의 힘듦은 미래의 그 공포에 비하면 그야말로 약과다. 하찮은 미물보다는 강한 인간이어야 하지 않겠는가?

맞고, 다치는 건 두렵지 않다. 지는 게 훨씬 더 무섭기 때문이다.

-UFC 페더급, 코리안 좀비 정찬성

가난 중독에서 벗어나기

돈 이야기가 거북하다면 이유는 단 하나다. 안타깝게도 탐욕스럽고 비윤리적으로 돈 버는 사람들을 너무 많이 봐왔기 때문이다.

한국은 일제강점기와 한국전쟁을 거쳤다. 근현대사를 지나오며 부를 축적한 사람들의 시작부터 그리 공평하거나 깨끗하지 않았다는 걸 대부분 다 인정한다. 《친일과 망각》이라는 책에 따르면 1,177명의 친일파 후손 중 33%가 'SKY' 출신이고, 27%는 유학 경험이 있다. 14%는 이른바 '파워엘리트 그룹'이었으며, 친일파의 여러 후손이 혼사로 연결된 그들만의 세상을 살고 있다.

1세대 부자들의 모험심과 도전정신을 인정한다 하더라도 다수가 깨끗하지 않게 축적한 부를 대를 이어 세습해왔고, 금수저를 물고 태어난 그 다음 세대들의 비윤리적 태도들이 종종 사회문제가 되어 부정적 인식을 준 것 또한 사실이다. 이런 과거의 사실들이 알게 모르게 돈은 탐욕스럽고, 비윤리적인 사람이 수단 방법을 가리지 않고 버는 것이라는 인식이 우리의 무의식을 지배하고 있다. 그로 인해 돈이 적거나 없는 삶이 더 행복하고 윤리적이라는 '이상한 논리'로 현실을 정당화하는 경우도 종종 본다.

사실 우리들 세대의 돈에 대한 부정적인 생각은 부모에게 처음 물려받은 경우가 많다. 어렸을 때 부모님이 돈 때문에 싸우는 것을 본 기억, 그리고 돈 때문에 항상 힘들어 하던 모습들이다. 그것들이 무의식 속에서 돈은 부정적인 감정이나 기운과 연관되어 있다는 의식을 만들어낸다. 그리고 부에 관한 공포와 포기를 만든다.

하지만 오늘날의 부자들은 다르다는 걸 인정해야 한다. 그들은 힘들게 노력해서 부를 획득했다. 흔히 '자수성가했다'고 이야기한다. 미국의 경우 백만장자의 79%가 자수성가했다. 상당한 운이 그들 부의 획득과정에 작용했음을 감안하더라도, 그들이 노력하여 이룬 부의 거룩함에 대해서는 왈가왈부할 수 없다.

돈은 이미 하나의 계급이 되었다. 그것도 엄청나게 권력적이다. 이걸 인정하지 못한다면, 아마 당신의 돈 버는 앞길에 놓일 마음고생을 견디기 쉽지 않을 것이다. 돈은 사람을 죽이고 살리는 정도의 계급 상징이고, 삶의 계급을 명확하게 나누는 척도가 되었다. 인정하지 못하겠다면 지금 당신이 사는 거주지와 부자들이 사는 거주지를 비교해보라. 간단히 답이 나온다.

우리는 이미 다른 공간과 환경에서 '다른 삶'을 살고 있다. 신분제가 있던 조선시대와 지금이 크게 다를 바 없다. 어쩌면 그때보다 더

불평등할 수 있다. 돈은 처음부터 계급을 가르는 기준이며 도구였다. 그 옛날부터 무의식 속에 자리 잡은 기억은 무섭도록 우리 일상생활을 지배한다.

어쨌든 돈에 대한 부정적인 생각은 돈에 대한 거부, 나아가 돈 버는 일에 대한 거부를 정당화하며 당신의 행동을 지배할 가능성이 크다. 돈에 대한 솔직한 감정을 인정하는 것이 중요하다.

지금 이 책을 읽고 있다면, 돈을 더 많이 벌고 싶거나 부를 더 많이 축적하고 싶은 사람일 확률이 높다. 인류는 항상 계급을 만들며 살아왔다. 그 계급의 기본이 과거에는 혈연적 연관성에 크게 지배받았다면 지금은 그 혈연적 연관성에 더해진 금전적 인자가 큰 역할을 한다.

돈을 벌고 싶은가? 그러려면 돈을 벌고 싶다, 돈을 벌어서 어떻게 살 것이라고 스스로에게 끊임없이 떠들어야 한다. 그러지 않으면 돈에 대한 부정적인 무의식의 지배를 벗어나기 어렵다. 스스로 자문자답自問自答하며 돈을 벌겠다고 결심했을 때, 그 부정적인 무의식에서 조금이나마 벗어날 수 있다. 마음 깊숙이 쌓여 있는 잠재의식이 조정하는 나를 이기기는 상당히 어렵다. 인정하고 대들어보는 것이 가장 현명할지 모른다. 그래야 이 오래된 '가난 중독'에서 벗어날 수 있다.

승자가 모든 것을 갖고, 패자는 초라하게 서 있어요(The winner takes it all, The loser standing small).

- Abba, 'The winner takes it all' 중에서

실패가 반드시 과정일 필요가 없다

"실패를 두려워하지 말고 하나의 과정이라고 생각하라. 실패하지 않고 성공하기란 불가능하다."

성공한 사람의 스토리에 자주 등장하는 문장이다. 그래서 흔히들 어려운 실패를 딛고 일어서야만 성공하고, 부자가 된다고 우리는 알고 있다. 어쩌면 처음 어떤 일을 시작함에 있어서 실패할 수 있는 건 너무나 당연하고 일상적이다. 또, 실패가 성공보다 더 잦은 확률로 우리를 찾아오므로 이에 대한 두려움을 갖는 것도 너무나 당연하다.

그런데도 불구하고 우리가 미디어를 통해 실패한 사람보다는 성공한 사람의 스토리를 주로 접하기 때문에 두려운 것뿐이다. 미디어에 나오는 대부분의 성공한 사람은 희소성 때문에 소개된다. 성공한 사람이 실패한 사람보다 훨씬 적기 때문이다.

뉴욕대 심리학과 캐런 아돌프Karen E. Adolph 교수는 뉴욕에 사는

151명의 유아를 1시간 정도 관찰했다. 12개월에서 19개월 사이의 아기들은 1시간 동안 평균 701m 이동했고, 2,368걸음을 내디뎠으며 그동안 17번이나 넘어졌다고 한다. 우리 대부분이 이처럼 넘어지고 일어서기를 수없이 반복했기 때문에 지금 잘 걸을 수 있게 되었다.

이와 마찬가지로 우리는 '실패'를 일상에서 무수히 경험하며 산다. 나는 실패를 두려워할 필요도 없고, 실패라는 것이 뭔가 대단한 이벤트라고도 생각지 않는다. 실패가 반드시 부자가 되는 과정의 하나여야만 한다고도 생각지 않는다. 그것은 내가 몹시 힘들게 돈을 벌긴 했지만, 크게 실패한 지점이 없었기 때문일지도 모른다. 아니면 여러 번 실패했지만 현재의 나를 만드는 데 도움이 되지 않았던 경험은 없었기 때문이라고도 할 수 있다.

내게 만족스럽지 않았던 경험을 모두 '실패'였다고 나무랄 필요는 없다. 그리고 별로 좋지 않았던 경험을 굳이 네이밍해야 한다면 그때 '실패'라고 부르면 된다. 성공한 사람들이 말하는 거창한 실패가 있어야만 부자가 되는 것은 아니다. 단지 경험하지 못했던 것을 경험해나가며 배운다고 생각하면 된다.

처음 롤러코스터를 탈 때는 무섭지만 몇 번 타보면 즐길 만해지는 것과 같은 이치다. 단지 경험해보지 않은 일에 대한 공포가 있을 뿐, 부자가 되는 길에 대단한 실패가 필요하거나 반드시 일어나는 것은 아니다. 이전에 해보지 않은 투자를 하다가 잠깐의 손실을 보았다면 안 좋은 '경험'을 한 것이지 투자에 실패한 것이 아니다. 그리고 준비를 잘해서 투자한다면 굳이 실패를 먼저 경험하고 나서 성공할 필요도 없다. 실패 없이도 충분히 돈을 벌고, 부자가 될 수 있다. 단지 오르막길과 내리막길이 몇 번 반복될 뿐이다.

당신이 넘어진 것은 길 위에 있는 돌덩이를 보지 못했을 뿐이다. 돌덩이에 걸려 넘어졌다고 기분 나빠할 것이 아니라 당장 두 가지 일을 하면 된다. 제일 먼저 일어나서 그 돌을 치워버리고, 다음에는 같은 길에서 두 번 다시 넘어지지 않으면 된다.

나는 실패한 게 아니고, 다만 만 가지의 안 되는 이치를 발견했을 뿐이다.

-토마스 에디슨

창의력과 모방의 차이

세계의 나라들은 국력이나 경제규모에 따라 선진국·개발도상국·저개발국으로 나뉜다. 저개발국이 주도하는 사업은 선진국이나 개발도상국에서 내려주는 일감을 처리하거나, 그 나라에서 생산되는 자원을 팔면서 국민 대부분이 가난하게 살아간다. 그러면서 앞선 국가에 어마어마한 생산력을 착취당한다. 개발도상국은 선진국을 따라하는 모방자로 벤치마킹하며 성장한다.

선진국에는 자본이 넘쳐나고 창의력과 상상력이 가득하다. 수많은 창의력을 뒷받침할 사회·문화·경제적 여건이 잘 갖춰져 있다. 그들은 창의적 아이디어로 생산수단과 돈을 지배하며 저개발국을 착취하며 부를 더욱 늘린다. 자연을 제외한 세상에 존재하는 모든 것은 생각의 결과물로 생산된 것이기 때문이다.

예를 들어 어떤 물건을 모방해서 만들 수는 있지만, 처음 그 물건을 만들었던 '생각의 전환'이라는 창조성은 모방이 안 된다. 창조적으로 변하려면 생각이 깊어져야 한다. 그 생각의 깊이는 "나는 누구인가, 세상의 근원은 무엇인가, 세상과 나의 관계는 무엇인가?"라는 기본 명제에서 출발하는 철학이 필요하다. 그렇기 때문에 보통 저개발국에서는 다른 국가를 이끌 만한 수준의 철학이 탄생하지 않는다. 그런 면에서 철학은 예술과 가깝다고 생각한다.

예술은 새로운 것을 생각하고 창조한다. 기술은 당연히 예술을 모방하고 그 뒤를 따른다. 예술이 발달한 나라가 선진국이 될 수밖에 없는 이유다. 예술이 발전하려면 자유롭게 예술 활동을 할 수 있는 사회·문화적 기반이 잘 갖춰져야 한다. 그래야 창조적인 생각이 그 위에서 기술을 꽃피운다. 로봇과 AI, 사물인터넷IoT 등도 SF소설이나 영화에서 시작되어 현 생활에 상용화되고 있다.

우리는 여기에서 아주 중요한 생각을 끄집어낼 수 있다. 바로 예술이 그 이전의 전통이나 형식, 관념에 대한 거부에서 시작한다는 점이다. 다시 말해 스스로 자신이 살아온 과거를 긍정적으로 거부하지 않으면 새로운 나도 태어날 수 없다.

돈 버는 데 무슨 철학, 예술까지 논하느냐고 할지 모른다. 하지만 투자의 대가 대다수가 금융이나 경제가 아닌 철학 혹은 역사를 전공했거나 그 학문에 심취해 있음은 우연처럼 보이지 않는다. 과거를 공부해 과거를 창의적으로 거부할 때, 스스로 판단하고 사고하는 능력이 생긴다. 그때 당신이 다수가 아닌 소수가 되며 보통 그 소수의 인간이 많은 돈을 번다.

그럼 이 기준에서 현재 당신은 어디쯤 있는가? 빚이 가득하고 매달 월급 받아서 사는 데 급급하다면 저개발국에 머무는 상태다. 빚은 갚았으나 아직 투자를 시작할 만한 종잣돈을 모으지 못한 상태라면 개발도상국 정도의 상태로 보는 게 맞다. 선진국에 속해 있다면 이 책을 읽을 필요가 없다.

지금 당신은 개발도상국에서 선진국으로 가는 길이 아닌 저개발국에서 개발도상국으로 가는 길 위에 서 있는 건 아닌가? 대부분의 자기계발서는 선진국 입장에서 선진국 이야기를 이런 식으로 쓴다. "자유롭게 창조적 아이디어를 펼쳐 네가 원하는 일로 열정을 불태워 꿈을 이루고 세상을 바꿔라!"

만약 당신이 부자가 되고 싶다면, 먼저 부자들이 사용한 방법을 흉내내는 편이 가장 쉽고 빠르다. 검증된 방법이기 때문이다. 하지만 이 방법은 한계가 있다. 다른 많은 사람이 흉내내고 있다는 한계다. 실행도 쉽고 결과가 생기는 데 비해, 그 결과의 과실이 그다지 크지 않은 것이다.

진정한 부자가 되려면 그 부자가 바라봤던 시선으로 세상을 바라보자. 그 사람이 움직인 자취를 보는 것으로 방법을 모방해야 한다. 시선의 방법을 배움으로써 부자들이 실행했던 것과 다른 수십 가지 방법과 실행이 다시 가능해진다. 큰 부자들을 마냥 존경하고 따르라는 것이 아니다. 그들의 시선의 깊이와 높이만 배우고 모방하면 된다. 그리고 그 깊이에 도달하기 위해 끊임없이 시련을 겪으며 도전하면 된다.

그러다 보면 어느덧 부자들의 시선의 깊이에 다다르고 거부가 되어 있을지 누가 알겠는가? 우리가 꼭 그들로 살 필요는 없지 않은가? 그들의 시선이 향하는 방식을 보고, 생각의 방식만 모방하고 배우면 되지 않겠는가? 그렇게 하다 보면 모방이 결국 창의력으로 발전한다.

자신의 재정 조건과 경제상황이 지금 저개발국이라는 것을 인정한다면, 안타깝지만 지금 창조적으로 무언가를 하려고 노력하지 마라. 두통만 생길 뿐이다. 지금 할 일은 창조적인 아이디어를 생각하는 것이 아니라 다른 사람이 만들어놓은, 성공했다고 알려지고 돈을 벌었다고 알려진 방법들을 따라 해보라.

모방하라. 처음부터 창조하려고 애쓰지 마라. 가능하지 않은 것에 시간을 낭비하지 마라. 모방엔 장점이 있다. 창조한 사람이 겪었던 스트레스와 시행착오를 최소화할 수 있다. 따라 하기가 쉽고 실패할 위험성도 낮다. 창조는 고뇌와 꼬리에 꼬리를 무는 질문에서 나온다. 암기로 단순하게 답을 찾고 대답하는 방법에 집중하라. 대신 한 가지만 명심하자. 모방으로 성공하기 위해서는 남들보다 속도가 빨라야 한다.

그럼에도 당당하게 모방하자.

-강원국

자본주의를 알아야 자본가가 될 수 있다

우리는 자본주의 사회 속에서 산다. 대부분의 국가는 자본주의에 기초한 시장경제를 원칙으로 삼는다. 거창하게 자본주의를 논하자는 건 아니지만 우리가 그 사회 속에서 살고 있으니 자본주의를 이해할 필요가 있다. 자본이란 궁극적으로 돈을 말하며, 그 덕분에 돈에 울고 웃으며 산다. 대부분 돈 때문에 힘들어 하는 사람이 더 많다. 그러면서도 그 성격이나 특징을 명확히 하지 않고 살아간다.

'자본주의'를 정의하기 위해서 사전을 찾아보았다.

[자본주의] 생산수단을 가진 자본가 계급이 노동자 계급으로부터 노동력을 사서 생산활동을 함으로써 이익을 추구해 나가는 경제구조.

뭔지 모르지만 딱 봐도 자본이나 돈을 가진 자본가들이 주도하는 시스템이라는 느낌이 들지 않는가?

자본주의는 18세기 중엽 산업혁명에서 시작됐고, 현재까지 국가의 제도나 국민들의 삶의 양식에 큰 영향을 미치고 있는 경제적 틀이다.

한국의 지식인에게 "인류에 가장 큰 영향을 미친 책과 철학자가 누구라고 생각하는가?"라는 조사를 하면, 철학자 칼 마르크스와 그의 책《자본론》이 나란히 선두를 차지한다. 자본주의가 정확히 뭔지는 몰라도 꽤나 중요하고 대단한 개념인 것은 틀림없다. 물론《자본론》에서 자본주의는 추구되는 대상이 아닌 역사발전 단계의 하나로 소개되는 경제시스템이다.

《자본론》은 칼 마르크스가 영국 자본주의 사회를 연구한 뒤 쓴 책으로 1867년에 나온 고전이다. 총 3권으로 구성되었으며 2권과 3권은 마르크스 사후死後에 친구였던 엥겔스가 그의 자료를 모아 발표했다.

마르크스는 공상적空想的 사회주의와 고전경제학을 비판하며, 실천적이고 과학적인 사회주의를 창시한 인물로 평가받는다. 그는 "착취당한 노동자 계급이 무력투쟁으로 자본가 계급을 없앨 것이다. 그리고 그 노동자 계급에 의해 권력이 형성, 장악되어 자본주의는 오래 유지되지 못하고 필연적으로 망한다. 그후 국가가 계획경제를 실행해 생산수단을 사회적 소유로 만드는 사회주의가 올 것이다."라고 말했다. 그렇게 '자연스러운' 사회주의를 거친 후에는 최종적으로 완벽한 이상국가인 공산주의 사회가 도래한다는 것이다.

이 이론은 비록 현실이 되지 않았지만 이념 논쟁이 끊이지 않던 당대 수많은 사회투쟁의 지침서가 되었고, 여전히 마르크스주의를 신봉하는 무리도 건재하다. 하지만 세계적인 주요 경제체제로서 자본주의가 건재하고, 예전보다 더 많은 국가에서 자본주의 바탕의 경제체제를 채택하고 있다. 앞으로도 그 양상은 조금 달라질 수 있을지 몰라도 자본주의가 사라질 일은 없을 듯하다.

'자본'을 어렵게 이야기하면 잉여가치를 높이기 위해 투자된 화폐를 말한다. 그리고 이런 화폐를 많이 가진 사람을 우리는 '자본가'라고 부른다. 자본가는 자본을 투자해 상품을 만들고, 그 상품을 팔아 가치인 화폐를 더 번다. 이때 발생하는 가치가 '잉여가치'다. 이는 투자한 자본보다 훨씬 더 많은 가치를 자본가가 갖는 것을 가리킨다. 이 과정에서 잉여노동이 투입, 착취되어 '잉여가치'가 형성된다고 보았다. 그런데 점차 자본가가 그 가치를 독식하며 분배가 공평하지 않아 프롤레타리아(노동자 계급)의 반발을 산다는 것이 마르크스의 주장이었다. 즉, 일하는 노동자가 군말 없이 계속 자본가 밑에서 일하는 것이 아니라 분노로 들고 일어설 것이라는 뜻이다.

A는 돈을 가진 자본가다. 2만 원을 투자해 옷 공장을 차렸다. 이때 A는 '생산수단'을 만든 것이다. 그리고 공장에서 일할 노동자 5명을 고용했다. A는 노동을 돈으로 산 것이다. 노동자 1명이 하루에 만들 수 있는 옷은 10벌이다. 총 5명을 고용했으므로 A는 하루에 50벌을 생산할 수 있다.

생산한 옷은 시장에서 한 벌에 1천 원에 판매했다. 50벌이므로 5만 원을 벌었다. 그런 뒤 A는 공장 유지비·모직물(원자재) 가격·운반비 등으로 소비되는 제반 비용 2만 원을 고려해 노동자들에게 일당으로 1천 원씩 지불했다.

정리하면 아래와 같은 수식이 가능하다.

하루 판매량(5만 원) - 노동자 일당(1천 원x5명= 5천 원) - 제반 비용(2만 원) - 초기 투자금(2만 원) = 수익(5천 원)

A는 노동을 하지 않고 하루에 5천 원을 벌었다. 즉, 5천 원의 잉여가치를 창출한 것이다. 그러자 A는 욕심이 생겼다. 그래서 다시 2만 원을 투자해 생산설비를 늘리고 5명의 노동자를 더 뽑았다. 5명이 추가되어 기존 50벌에서 100벌을 생산하게 되었고, 한 벌에 1천 원이니 하루 판매량은 10만 원이 되었다. 이때 제반 비용은 원래 들던 것에서 5천 원만 늘었다.

하루 판매량(10만 원) - 노동자 일당(1천 원x10명= 1만 원) - 제반 비용(2만 5천원) - 투자금(4만 원) = 수익(2만 5천 원)

노동자를 두 배 늘리고 투자금도 두 배 늘렸더니 A의 수익은 5배로 늘어났다. 하지만 A는 여전히 노동자에게 1천 원의 일당만 지불해도 된다. 마르크스는 이것을 노동착취로 본 것이다.

그럼 "하루 50벌의 옷을 갖는 것이 좋은가? 아니면 50벌을 생산할 수 있는 공장을 갖는 것이 좋은가?"라고 물으면 어떻게 대답하겠는가? 당연히 자본주의하에서는 공장, 즉 '생산수단'을 갖는 게 현명하다. 생산수단으로 훨씬 많은 돈을 벌 수 있기 때문이다. 생산규모가 커질수록 생산량은 증가한다.

그래서 생산수단을 소유한 자본가의 자본량은 엄청나게 많아진다. 마르크스가 말한 혁명은 일어나지 않았지만, 현대사회는 부익부 빈익빈을 우려해 수정자본주의 또는 후기자본주의라는 이름으로 부를 복지의 형태로 재분배하게 된다. 하지만 자본주의의 단점인 빈부격차를 극복하고 밸런스를 맞춰가는 일이 쉽지 않아 양극화는 더욱 심화되고 있다.

같은 개념으로 금융계에서는 디지털 돈을 만들어 원래 가진 자본의 몇십 배 이상을 만들고, 그 돈으로 다시 투자를 한다. 그렇게 은행에는 실재하는 돈이 없는데도 숫자로는 어마어마한 돈이 존재하는 이상한 시스템이 자리 잡게 되는 것이다.

은행에는 '지급준비율'이라는 제도가 있다. 은행이 운용하는 총 자금대비 실제 가지고 있어야 하는 현금 비율을 말한다. 미국은 은행이 1억 2,750만 달러 이하를 운용하면 10%인 1,275만 달러만 실제로 가지고 있으면 된다. 그래서 은행은 대공황 등의 경제 위기가 도래해 공포에 빠진 예금주들이 현금 인출을 요구하게 될까 봐 가장 두려워한다. 실제로 내줄 돈이 없기 때문이다. 그렇지만 그들은 10배나 더 큰돈을 합법적으로 대출해주고 이자를 벌고 있다.

생산수단을 통해 부를 늘려 가는 자본가나, 국민들에게 돈을 빌려 주는 은행이나 결국 같은 방식으로 화폐를 운용하는 것이다.

한 마디로 자본주의 사회에서는 생산수단과 자본을 소유한 사람들이 돈을 기하급수적으로 벌 수밖에 없다. 우리는 그들을 사업가, 기업가, 투자가라 부른다. 그 사업가와 투자가를 위해 일하는 사람을 우린 노동자라 부른다.

보통의 노동자는 또 다른 노동자와의 경쟁에서 일당 1달러를 1달러 10 센트로 올리기 위해 열심히 일한다. 그렇게 해서 절대 이길 수 없는 게임이 자본주의다. 자본가와 투자가는 '시스템'을 소유하고 있다. 그 시스템 속에서 당신은 그 자본가와 투자자들의 시스템이 무너지지 않도록 최선을 다해 노력하며 일한다. 슬픈 현실이다.

물론 당신이 지금 당장 자본가나 투자자가 될 수는 없다. 그렇다면 지금 해야 하는 일은 무엇인가? 일당 1달러를 1달러 10센트로 올리도록 노력하고, 그 늘어난 일당 10센트를 모아 아주 작은 '시스템'이라도 만들어 당신의 자본이 일하도록 하는 것이다. 그것이 이 순간에 당신이 할 수 있는 유일한 방법이다.

슬픈가? 하지만 슬퍼할 시간이 없다.

화폐는 인간의 노동과 생존의 양도된 본질이다. 이 본질은 인간을 지배하며 인간은 이것을 숭배한다.

- 칼 마르크스

남의 떡을
더 크게 보지 않으려면

영어 표현 중에 “The grass is always greener on the other side.”라는 말이 있다. “남의 집 잔디가 항상 더 푸르게 보인다.”라는 뜻이다. 우리 속담 중에 “남의 떡이 더 커보인다.”라는 말쯤으로 보면 되겠다.

미국에서 살다 보면 어디든 잘 정돈된 푸른 잔디를 발견한다. 특히 공원에 가면 푸른 잔디로 꾸며진 휴식공간이 참 아름다워보인다. 하지만 그 푸른 잔디를 실제로 가까이 가서 보면 거위 똥이나 개똥이 가득한 경우가 다반사다. 이처럼 보이는 것과 실제는 다른 경우가 많다. 남의 삶이 좋아보일 뿐 실제 보이는 것만큼 좋은지는 아무도 모른다. 그래도 나보다 잘살아 보이는 듯한 삶을 들여다보면 부러움을 느낀다. 그 부러움이 나를 괴롭힌다면 답은 간단하다. 남을 보고 살지 않으면 된다.

말이 쉽다고 생각할지도 모르지만, 내가 실천한 방법도 아주 간단했다. 만나야 할 최소한의 사람만 만나는 것이다. 난 경사에는 아예 참석하지 않는다. 그래서 회사 직원들도 이젠 날 초대하지 않는다. 물론 선물과 축하는 당연히 한다. 아는 누군가가 집을 사서 초대하면 나는 짧게 "초대해주셔서 감사하지만 못 갈 거 같습니다."라고 메시지를 보낸다. 상대방이 섭섭해할 수도 있지만 내가 가고 싶지 않은 걸 억지로 갈 이유는 없다고 생각한다.

마지못해 갔다고 가정해보자. 가보니 집이 으리으리하다. 전달받은 주소를 들고 찾아갈 때 이미 느낀다. 다운타운에서 그리 멀지 않은 동네인데 주변에 많은 공원이 있고, 집 바로 옆에는 요트를 즐길 수 있는 호수도 있다. 벌써 주눅이 든다. 입구에 들어가는데 보안장치가 설치된 큰 게이트가 있다. 패스워드를 눌러야 집 주인이 열어준다.

드디어 집 문 앞에 도착한다. 집 크기만 보면 족히 열댓 명이 넘게 살아도 될 거 같다. 집주인 동료가 반갑게 맞아준다. 집 안에 들어섰다. 첫눈에 보이는 하얀 그랜드피아노와 비싸 보이는 거대한 그림 두 점이 양쪽에 걸려 나를 노려본다. 안내를 받아 안으로 들어가니 더 거대한 키친이 나오고 동료의 와이프가 반갑게 인사한다.

잘나가는 변호사란 소문은 이미 들었다. 어색하게 인사를 나누고 둘러보니 이미 여러 사람이 와 있다. 그냥 보기에도 나와는 상황이 다른 사람들 같다. 이미 그들은 내가 알아듣지도 못하는 주식, 부동산 이야기로 한바탕 토론 중이다. 쭈뼛쭈뼛하며 인사를 하고 그들의 대화에 끼어들지 못해 눈에 보이는 계단을 따라 지하로 내려간다. 뭔

놈의 계단이 이리도 긴지 무릎이 아플 지경이다. 지하에 도착하니 누군가 반갑게 나를 맞이한다.

오늘의 파티를 위해 고용된 바텐더인데 뭘 마시겠냐고 으리으리한 바 앞에서 웃으며 묻는다. 부부와 자녀 하나가 사는 집 지하에 이토록 거대한 바를 차려놓아봤자, 부부 둘이 얼마나 자주 쓰겠냐며 혼자 중얼거려본다. 뭘 오더해서 마셔야 할지 몰라 평소 자주 마시는 맥주 하나를 집어 든다. 팁 1달러를 바 테이블 위에 올려두고는 두리번거리니 거대한 영화관과 운동시설, 사우나가 눈에 들어온다. 더 기가 죽었다. 이후에는 어떻게 집들이가 끝났는지 기억도 안 날 지경이다. 돌아오는 길엔 그냥 마음만 착잡했다. 아내와 함께 오지 않기를 정말 잘했다고 생각했다.

읽는 것만으로 슬프지 않은가? 미국에 온 지 얼마 되지 않았을 때 겪은 일이다. 나는 그 이후 어떤 경사에도 참석하지 않는다. 그뿐 아니라 내 집에 손님을 초대하는 경우도 거의 없다. 아내가 꼭 초대해야 하는 사람이 있다고 말할 때만 응한다. 낯을 가리는 성격 탓도 있지만, 그냥 안 가고 초대하지 않는 게 더 속 편하다.

나보다 좋은 집을 가진 사람의 집들이에 가서 난 진심으로 행복하고 기쁘지 않았다. 나의 상황과 비교만 하게 됐다. 그렇게 다른 사람의 생활을 보면 볼수록 나와 다르다는 느낌만 들었다. 나의 수준과 깜냥이 그 정도지만, 그 경험 이후 다른 사람의 경사에 참여하지 않게 되었다. 이미 소문이 난 터라 이제는 편하다. 초청장은 받지만 내가 안 간다는 걸 알고 있기 때문이다. 하지만 상대방에게 진심어린

선물하는 일은 잊지 않는다.

서로 누릴 만큼 누리면서 사는 상황이 아니라면 최대한 사람을 안 만나며 사는 삶이 훨씬 편하다. 직장이나 가정에서 이미 충분히 사람 만나는 일로 피곤하지 않은가? 타인의 삶을 의식하지 않기는 어렵다. 하지만 만나지 않고 살면 자연스레 남을 의식하지 않게 된다.

남의 눈으로 나를 바라보는 것만큼 피곤한 삶은 없다. 하지만 우리 대부분은 아니라 해도 그렇게 살아간다. 그렇게 생각하면 나의 인생은 '잘못된 것'으로 명명되기 쉽다. 상대방이 나의 삶이나 나에게 큰 관심이 없다는 것을 알면서도 그렇다. 물론 어떤 사람처럼 살지 말아야겠다는 깨달음을 얻기 위해서는 그 사람의 삶을 관찰할 필요도 있다. 분명 어떤 사람은 종종 나에게 깨달음을 준다. 하지만 그 사람처럼 '살기 위해' 억지로 애쓸 필요는 없다. 어차피 가능하지 않고 나에겐 나의 삶이 있기 때문이다.

어떻게 남과 똑같이 살 수 있단 말인가? 세상에 단 한 사람이라도 같은 사람을 본 적이 있는가? 다른 사람의 삶을 흉내내려 하지 말고 자랑스러운 일화라고 늘어놓는 이야기도 듣지 마라. 남의 조언을 들으면 또 그때뿐 실제로 그렇게 실행한 적이 있는가? 이미 자신의 마음속에선 결정이 난 일이다. 그런데 상대가 확신을 주고 동의해줬으면 하는 마음에 조언을 구하는 것 아닌가? 전부 시간낭비다.

정신의학자 아들러는 "인간의 행동과 발달을 결정하는 것은 인간 존재에 보편적인 열등감과 이를 극복하려는 권력에의 의지와 보상욕구다."라고 말했다. 그런 감정적 소모를 반복하는 일보다는 한 번 경험하고 충격을 받았다면 자신만의 목표에 집중하기를 권하고 싶다.

이런 나를 냉혈한이라고 말할지도 모른다. 하지만 난 아는 분이 돌아가셨을 때는 꼭 참석한다. 슬픔을 함께 나누고 싶은 것도 있지만, 다시는 그 사람을 만날 수 없는 마지막 자리이기 때문이다.

좁고 좁은 저 문으로 들어가는 길은
나를 깎고 잘라서
스스로 작아지는 것뿐
이젠 버릴 것조차
거의 남은 게 없는데
문득 거울을 보니
자존심 하나가 남았네

- 신해철 '민물장어의 꿈' 중에서

페르소나 만들기

정신과 의사이자 심리학자인 칼 구스타프 융은 프로이트 제자였으나 이후 본인만의 이론인 분석심리학을 창시했다. 그가 설명한 개념 중 '페르소나'가 있다. 야마구치 슈의《철학은 어떻게 삶의 무기가 되는가》를 보면 융의 페르소나를 이렇게 설명한다.

"인격은 그 자체의 정의로 볼 때 본래 짧은 시간에 크게 변화할 수 없는 것이다. 그러나 우리는 종종 상황이나 주변과의 관계를 위해 인격을 달리 포장해야 할 때가 있다. 이를 심리학적으로 분석한 사람이 심리학자 카를 구스타프 융이다. 그는 인격 가운데서 외부의 접촉하는 외적 인격을 '페르소나persona'라는 개념으로 설명했다. 페르소나는 원래 고전극에서 배우가 사용하는 '가면'을 뜻한다. 융은 페르소나를 한 사람의 인간이 어떠한 모습을 밖으로 드러내는가에 관한, 개인과 사회적 집합체 사이에서 맺어지는 일종의 타협이라 정의했다."

우리는 최소한 두 가지 얼굴로 산다. 내가 생각하는 나와 그리고 다른 사람들이 바라보는 나다. 달리 말하면 나 혼자 있을 때의 나와 다른 사람과 함께 있을 때의 나다. 이 두 가지는 보통 다를 때가 많다.

당신이 바라보는 타인과 타인이 생각하는 타인이 똑같을 수 없다. 타인을 의식할 때의 나와 의식하지 않을 때의 나 역시 같을 수 없다. 그렇다면 당신이 원하든 원하지 않든 어차피 항상 가면을 쓰고 사는 셈이다.

사회생활을 할 때, 돈 버는 경제활동을 할 때 많은 이들이 이 두 가지 얼굴 사이에서 고민을 하게 된다. 상황에 따라 내가 생각하는 내 모습이 아닌 모습으로 행동해야 할 때가 많기 때문이다. 이럴 때 많은 이들이 위선적이라는 생각에 힘들고 괴로워한다. 그런데 해답은 아주 간단하다. 적극적으로 가면(페르소나)을 쓰고 연극하며 살면 된다.

발달장애 중에 '아스퍼거 증후군Asperger Syndrome'이 있다. 자폐 스펙트럼 장애의 한 종류로 여겨지나 언어지체나 인지발달 지연을 동반하지 않는 경우가 대부분이다. 이들의 지능은 대부분 보통 수준이거나 그 이상으로 높다. 이들은 제한된 주제에 몰두하고, 특히 상대의 반응을 크게 신경 쓰지 않고 생활하므로 사회생활에서 큰 어려움을 겪는다. 우리는 그런 사람을 영화에서 종종 만나는데, 한 분야에서 천재성을 발휘하는 주인공이 아스퍼거 증후군으로 나오는 경우가 많다.

미국에서 아스퍼거 증후군 거주자의 밀집도가 가장 높은 곳이 '보스턴' 지역 중 하나라고 한 발달장애 전문가의 강의가 기억이 난다.

세계적으로 유명한 공과대학 MIT가 보스턴에 있기 때문이라고 한다. 또한 유명 배우나 예술가 중 아스퍼거 증후군을 가진 이들도 상당하다. 이들은 우리가 말하는 일명 '선의의 거짓말'에 아주 서툴다. 쉽게 말해 예뻐 보이지 않는 사람에게 '예쁘다'라고 말하기 어려워하는 것이다.

우리가 사회생활이나 경제생활을 할 때 내 행동을 적절하게 조절하는 일이 어느 정도 필요하다. 그런데 난 상당히 낯을 가리는 편이다. 그러다 보니 익숙지 않은 사람을 만나 중요한 일을 상의해야 할 때면 꽤 고통스럽다. 그럴 때 난 가면(페르소나)을 쓰고 그 자리에 나가 일을 처리한다. 나를 그런 자리에서 만난 많은 사람은 내가 상당히 사회적이고 대인 관계가 넓다고 착각하곤 한다. 이유는 내가 그 자리에서 거의 연극하듯 행동하기 때문이다. 내가 유난스러운 것이 아니라, 많은 사람들이 어느 정도 필연적으로 하는 일이다.

인생이란 궁극적으로 개인 앞에 놓인 과제를 수행해나가기 위해 책임을 떠맡는 것이다. 돈을 벌기 위해 해야 하는 행동이 자신의 성격에 맞지 않다고 생각되면, 그럼에도 하지 않는 것이 답이 되지 않는다면 가면 하나를 더 마련하면 된다.

사회생활에서 내 성격으로 처리 곤란한 상황이 발생하면 가면 쓰는 연습을 하자. 당신이 특별히 위선적이어서가 아니다. 세상이 복잡하고 타인이 충분히 이해할 정도의 가면이면 된다. 그들은 당신에게 그다지 관심이 없다. 그들 역시 자신의 가면극을 진행하느라 정신이 없을 것이다. 당신이 가면을 쓰고 크게 노래를 부르고 연기한다 해도 자신이나 타인을 속이는 일은 아니다. 당신이 자신을 생각하고 관심을 가지는 만큼 타인의 관심도 그리 많지 않기 때문이다.

얇은 것같이 위험한 게 없고 흰 것같이 위태로운 것이 없다.

- 이종오《후흑학》중에서

빠르게
부자 되는 법

돈을 벌 때 가져야 하는 마음가짐에 대해서 이제 어느 정도 들여다 봤다. 그런데 빠르게 부자가 되고 싶은가? 내가 아는 부자 되는 아주 빠른 세 가지 방법이 있다. 하나는 복권에 당첨되는 것이다. 다른 하나는 한 번도 들은 적도 본 적도 없는 먼 친척이 유일한 혈육인 당신에게 거액의 유산을 남기는 것이다. 또 한 가지 방법은 당신에게 안 좋은 일이 생겨 거액의 보험금이 생기는 것이다. 하지만 소중한 누군가를 잃을 수 있다.

이 방법 이외에는 빠르게 부자가 될 방법은 없다. 이 세 가지 외의 방법으로 빠르게 부자가 되었다는 사람들의 말에 현혹되면 안 된다. 설령 그런 일이 실제로 있다 하더라도 사기일 확률이 높고, 무엇보다 그런 부는 오래 지속되지 않는다.

부자가 되는 법은 간단하다. 현재 상황에서 3~4년 이내를 목표로 정한다. 정말 노력하고 고민하고 실패하고 또 도전할 각오로 임한다. 지속적이고 합법적으로 월 1만 달러를 버는 사람이 있다면 그 사람을 모방하면 된다. 그 사람이 당신에겐 현인이자 군자이다. 이 말은 대기업에서 월급 1만 달러를 받는 사람을 말하는 것이 아니다. 그런 사람을 찾기란 좀처럼 쉽지 않을 것이다. 수입과 다루는 돈의 단위가 커짐에 따라 그 돈을 감당할 깜냥도 함께 커져야만 한다. 그래야 그 다음을 바라볼 수 있고 견딜 수 있다. 그렇지 않다면 그 돈은 쉽게 빠져나간다. 난 그런 경우를 수도 없이 많이 봐왔다.

내가 하고 싶은 말은 감당할 만큼의 돈을 벌면서, 그 돈을 관리할 깜냥도 함께 키워나가야만 이룩한 부를 지킬 수 있다는 것이다. 돈은 천천히, 그러면서도 꾸준히 버는 게 더 좋다. 하지만 어떤 변곡점을 넘어서면 돈은 스스로 아주 빠르게 불어난다. 돈은 유동성을 갖고 있기 때문이다. 흐름이 생기면 흐름을 타고 움직이면서 그 폭을 증가시킨다.

그때는 이미 돈을 다루는 경험을 충분히 한 상태다. 따라서 돈의 흐름을 잘 감당할 수 있고 잘 운용하는 여유로운 사람이 되어 있을 것이다. 삶이 한결 더 여유로워지고 넉넉해졌음을 스스로 느낄 수 있다.

돈은 '빠르게' 버는 것이 아니다. 빠르게 벌리는 돈에는 힘이 없다. 빠르게 쌓은 부는 위기에 쉽게 무너진다. 돈을 다루는 경험을 제대로 하지 못했을 뿐만 아니라 빠르게 벌린 만큼 소중하게 다뤄지지 않기 때문이다.

돈은 천천히 버는 것이다. 그래야 내가 쌓는 부의 반석이 탄탄해져서 비바람이 몰아치고 지진으로 흔들리더라도 무너지지 않는다. 설령 무너진다 해도 다시 시작하는 데 어려움이 없다. 빚을 갚고, 저축해서 종잣돈을 만들고, 투자 공부를 통해 매달 적립식으로 쌓아나가는 돈이 진정으로 강한 돈이다.

부를 쌓아감에 있어서는 모르는 것을 알고 배우는 일이 중요하다. 어설프게 아는 것을 가지고 덤비면 언제든 자만이 따르고 실수가 생긴다. 빨리 돈이 벌릴지 몰라도 돈에 힘이 없다. 그렇지만 모르는 것을 배우며 덤비면 무엇을 조심해야 할지 알게 된다. 그래서 도달하기까지 더디지만 그 돈은 힘이 있다. 투기가 아닌 투자할 생각이라면 모르는 것이 무엇인지 알고 덤벼야 한다, 그리고 천천히 부를 쌓아나갈 다짐을 하라. 아직 잘 모르면서 욕심으로 덤비다간 혼자 날뛰다 불속에 뛰어들어 타 죽고 마는 불나방이 될 뿐이다.

부자가 되는 쉬운 방법이 있다. 내일 할 일을 오늘하고, 오늘 먹을 것은 내일 먹어라.

-《탈무드》 중에서

남보다
두 배 더 일하라

난 머리가 좋거나 공부를 잘했던 학생이 아니었다. 재수해서 전문대에 입학했지만 학교생활에 전혀 적응하지 못했다. 나중에 들은 이야기지만 같은 과 친구들은 내가 학교에 다니는지조차 몰랐다고 한다. 그도 그럴 것이 학교에 가긴 갔지만 수업의 반 이상은 들어가지 않았다. 그러다 보니 1학년 때 전공과목에서 무려 여섯 개의 낙제점을 받았다. 학과장이 호출해서는 학교를 그만두든지 휴학하고 군대에 갔다 오라고 심각하게 말했다.

그렇게 나는 군대에 갔고, 제대할 즈음 다시 깊은 고민에 빠졌다. 앞으로 뭘 하고 살아야 할지 생각할수록 막막했다. 별다른 뾰족한 수가 없어 복학을 결심했다. 사실 난 조그만 주점을 하고 싶었다. 하지만 장사를 시작할 돈도 없었고 부모님의 도움을 받을 처지도 아니었다. 주점을 운영하는 것이 어쩌면 적성에 맞았을 수도 있었겠지만,

지나고 나서 뒤돌아보니 역시 하지 않은 건 잘했다고 생각한다.

복학 후에도 역시 전공과목을 따라가기가 쉽지 않았다. 다른 선택의 여지가 없어서 전공기초 과목부터 늦게나마 들어보기로 했다. 1학년이 듣는 수업에 들어가 신입생들과 같이 공부하는 것이 창피했지만 그럭저럭 따라갔다. 공부하다 보니 생각보다 재미있었다. 그렇지만 2학년 수업에 들어가면 알아듣지 못하는 내용이 많았다. 나는 공부 잘하는 후배에게 도움을 청하기로 했다. 여자 후배였는데 집안 사정상 전액 장학생으로 입학했다는 소문이 있었다. 처음으로 그 후배에게 말을 건네면서도 다짜고짜 물었다. 1학년 수업 중 어떤 내용을 이해해야 2학년 수업을 따라갈 수 있냐고. 그러자 그 후배는 내가 어느 정도 아는지 테스트한다며 몇 가지 질문을 하더니 "선배 정말 몰라요? 아님 장난치는 거예요?"라고 물었다. 나는 정말 모른다고 대답했다.

한심한 듯 나를 바라보던 후배의 눈빛이 아직도 기억난다. 하지만 그 후배는 친절하게도 다음 날 내가 기본적으로 알아야 하는 교과내용 리스트를 작성해서 가지고 왔다. 그러면서 "우리 전공 특성상 이 내용들을 모르면 2학년 수업이 전혀 이해 안 될 거예요. 그냥 다 외우세요."라고 이야기했다.

그날부터 수업시간 외에 하루에 예닐곱 시간을 투자해서 일주일 동안 그 내용을 토씨 하나 틀리지 않고 완전히 다 외워버렸다. 상당한 양이었다. 그 많은 내용들을 외우면서 놀란 점은 나처럼 머리가 좋지 않은 사람도 시간을 많이 투자하면 완벽하게 암기할 수 있다는 사실이었다. 나중에 알았지만 그 후배가 준 내용들을 반드시 다 외워야 할 필요는 없었다. 그냥 이해만 해도 되는 것들도 많았다.

이후 전공수업 과목들을 이해하며 공부에 재미를 느낀 나는 4년제 대학으로 편입하게 되었다. 그때 나에게는 공부하는 비결이 하나 생겼다. 그것은 공부하다 막히는 게 있으면 미련하게 시간을 투자해서 외우는 방법이었다. 나는 그 방법을 오랫동안 고수했다. 미국에 와서 대학원 과정을 밟으면서도 같은 방법으로 전공의 중요한 부분은 영어로 그냥 다 외우는 '미련한 방법'을 사용했다.

일할 때도 같은 방식을 반복했다. 돈을 벌어야 했으니 하루에 두 가지 일을 해야 했고, 주말에도 일했다. 이후 사업을 시작하고 생활이 좀 안정되면서 한국의 대학친구들과 다시 연락이 닿았다. 그중 대학교수가 된 친구가 있었는데 한국에 방문하면 특강해줄 수 있냐고 물었다. 나는 흔쾌히 수락하며 특강내용을 알려달라고 했다. 강의주제를 받고 준비하는 동안 신기하게도 예전에 외웠던 내용 대부분이 기억나는 경험을 했다. 그래서 어렵지 않게 강의를 준비할 수 있었고 특강도 마쳤다. 그 후로도 기회가 있을 때마다 강의를 해주고 있는데, 그때마다 가장 유용하게 쓴 내용들은 과거 내가 미련하게 외워두었던 것들이 콘텐츠가 되었다. 열심히 그리고 엄청난 시간을 투자해서 집중한 내용은 나같이 평소 두뇌 활용력이 특별히 뛰어나지 않은 사람의 머리에서도 쉽게 잊히지 않는다. 그 노력의 형태나 기억은 학습이 되어 습관처럼 자리를 잡는다. 그리고 비슷한 상황이 닥치면 자동화되어 재현된다.

돈을 벌고 싶다면 지금 다른 사람이 하루에 8시간씩 일할 때 당신은 16시간씩 일해야 한다. 많은 자기계발서가 열심히 일하기보다 현명하게 일하라고 가르친다. 하지만 아직 그 단계로 가려면 멀었다. 지금의 상황이 만족스럽지 않아 더 나은 미래를 맞이하기 위해 이 책을 읽고 있을 것이다. 그렇다면 남들과 경쟁해서 살아남을 수 있는 기본('터틀 스텝 10단계' 중 제3단계를 말함)이 될 때까지는 남들보다 두 배는 더 일해야 한다.

지금 그들이 1시간 안에 해낼 수 있는 일이 있다면 당신은 거기에 30분을 더하고 또 30분을 보태서 2시간을 일하라. 그러면 상대방보다 더 좋은 결과를 얻을 수 있다. 이때 목표는 남들보다 훨씬 더 뛰어난 결과여야 한다.

토마스 코리가 쓴 《부자의 습관들》에서 부자의 86%가 일주일에 평균 50시간 이상을 일했다고 밝혔다. 미국에서 주 32~40시간을 풀타임으로 여긴다는 사실로 볼 때 그들은 최소 25~50%의 시간을 더 일한 것이다.

난 사업을 하다 어려운 부분이 생기면 그 문제를 해결하기 위해 앞부분, 그리고 뒷부분의 해결과정을 종이에 그리거나 적기 시작한다. 그러고는 며칠이 걸리더라도 해결책을 찾기 위해 노력한다. 운전하면서도, 걸으면서도, 식사하면서도 그 문제만을 생각한다. 때로는 꿈에서도 그 문제가 나타나 괴롭히기도 한다. 그리고 관련된 책이나 인터넷 기사들을 미친 듯이 찾아본다. 그 일의 해결을 위해 엄청난 시간과 노력을 투자한다. 대부분은 결과가 나쁘지 않았다.

지금 무언가 큰 틀에서 방향을 바꾸기에 늦었다고 생각하는가? 맞다. 늦었다. 그렇기 때문에 바꾸려면 남들보다 두 배로 노력하고 두 배의 시간을 투자해야 한다. 그렇지 않으면 당신이라는 존재가 이 세상에 드러나지 않는다.

당신의 존재가 일에서 드러나지 않으면, 고용주 입장에서 돈을 더 줄 이유가 없다. 존재를 드러내는 방법은 더 열심히 더 많이 노력하고 일하는 것이다. 그렇게 지금 버는 돈보다 다만 얼마라도 더 벌기 위해 노력하라.

빌 게이츠의 젊은 시절 일화는 유명하다. 19살에 하버드를 중퇴하고 친구인 폴 앨런과 함께 '마이크로소프트'를 창업한 그는 20대 내내 자신의 인생에 '주말'과 '휴가'라는 두 단어는 없었다고 회고한다.

"지금 생각해보면 정말이지 나의 20대는 역겨울 정도였습니다."

사실 그는, 지금의 그와는 다르게 꽤나 악독한(?) 사장이었다. 자기 아이디어를 실현시키기 위해 직원들과 논쟁을 벌여서 이기는 것을 즐겼고, 사무실에서 주차장이 가장 잘 보이는 곳이 그의 자리였다고 한다. 직원들이 출퇴근하는 시간을 보기 위해서 주차장이 가장 잘 보이는 자리에 앉아 그들의 차번호를 외워 감시했던 것이다.

오늘날 세계 최고 부자 중 한 명이 되어 자선사업가로 아프리카 등지의 소외되고 힘든 사람들을 도와주는 그가 인터뷰에서 남긴 말은 기억할 만하다.

"내가 했던 방식대로 일하라고 젊은이들에게 조언하고 싶지 않습니다. 하지만 '열심히 일해야 한다.'라는 것에 동의합니다. 뭔가를 얻으려면 반드시 열심히 일하는 과정이 필요합니다."

너무 고리타분한 조언인가? 그렇게 생각한다면 일찌감치 포기하라. 당신이 안일하게 그저 시간을 때우며 살 때, 당신보다 두 배 열심히 일하는 사람이 돈과 미래의 삶을 빼앗아 갈 것이다. 그렇게 될 바에 그냥 지금의 삶을 즐길 방법을 찾는 게 낫다. 미래까지 생각하거나 계획하지 말고.

미래를 바꾸고 싶다면 먼저 해야 할 것이 있다. 지금 버는 소득의 20%를 더 벌겠다는 목표를 세워라. 그리고 목표달성을 위해 남들보다 두 배 더 일하라. 지금 당신의 삶이 증오스러울 만큼 힘들게 일하면 미래는 밝아질 것이다.

밀콤 글래드웰이 말하는 '1만 시간의 법칙'의 힘은 목적의식과 치열함에 있다.

- 윌리엄 안

왜 돈을 벌어야 하는가?

체크리스트 "누가 이 책을 읽어야 하는가?"는 30대 후반까지의 내 이야기다. 난 평범한 가정에서 태어났다. 어렸을 때 특출난 점이 없는 보통의 평범한 아이였다. 어린시절 아버지의 사업실패로 우리 식구들은 상당히 고생하며 지냈다. 풍족하게 살아본 적은 없지만 그렇다고 찢어지게 가난하지도 않았다. 지난 내 이야기를 꺼내는 건 이 책을 쓰게 된 동기를 말하기 위해서다.

아버지가 사업에 실패한 뒤 우리가 길거리에 나앉지 않고 살 수 있었던 건 다행히 한 종교단체의 도움이었다는 걸 성장해서 알았다. 어렸을 때는 그곳이 시설인 줄도 모르고, 집이 크다고 좋아했던 기억이 난다.

나는 한 학년이 640명인 고등학교에서 석차가 600등대 정도였고, 재수해서 입학한 지방의 한 전문대를 겨우 졸업했다. 그 후 4년제 야

간대학 3학년에 편입했다. 낮엔 돈을 벌어야 했기 때문이다. 그리고 졸업 후 몇 년 동안 회사에 다니다가 취업비자를 받아 미국으로 이민 왔다.

미국에 온 후 대학원 공부와 일을 병행했다. 지금은 전공과 관련된 사업 외에 몇 가지 사업을 더 하고 있다. 시작은 순탄치 않았지만, 현재는 위치 좋은 곳에 빚이 없는 부동산도 꽤 많이 갖고 있다. 매달 들어오는 월세 수익과 회사에서 버는 연간 순이익이 백만장자라고 할 만하다.

난 일주일에 하루만 출근하고, 그 하루조차 4~5시간 정도만 근무한다. 그것도 중요한 결정을 위한 통화나 하는 정도다. 자랑으로 들려도 어쩔 수 없다. 돈에 관한 이야기와 내가 어떻게 돈을 모았고, 어떻게 하면 나처럼 모을 수 있는지 이 책을 통해 자세하게 알려주려면 현재의 상황부터 밝히는 게 순서라고 생각한다. 경제학자나 재정전문가는 아니지만 만경창파萬頃蒼波의 삶을 살아가야 하는 밀레니얼 세대에게 돈 버는 법을 제대로 설명하기 위해서다.

20년 전 미국에 처음 왔을 때 내 수중엔 1천 달러 정도가 있었다. 내가 사업을 시작할 때도 역시 그 돈이 전부였다.

결혼은 이미 한국에서 한 상태로 미국으로 취업이민을 왔다. 결혼하자마자 이민 온 탓에 흔히 한국에서 결혼할 때 부모님이 도와주신다는 전세자금 격의 목돈도 아예 없었다. 집이 없으니 혼수도 필요 없었고, 결혼 후 미국에 오기 전까지 아내의 원룸에 얹혀산 찌질이의 표상이었다.

초창기 미국생활은 정말 지옥 같았다. 아무리 일해도 돈은 모이지 않았고 카드빚만 늘어갔다. 아내는 나 몰래 친정에서 몇천 달러씩 얻어 살림에 보탰고, 그 사실을 알게 된 나는 정말 죽고 싶은 마음뿐이었다.

나는 한국에서 서울시 산하의 한 회사에 다녔었다. 월급도 꼬박꼬박 잘 나왔다. 당시 월급이 150만 원 가까이 됐는데 타 직장보다 나쁘지 않은 수준이었다. 결혼할 당시 아내 역시 회사에 다니며 나만큼 벌었으니 생활은 그럭저럭 괜찮았다. 문제는 나의 역마살이었다.

군 제대 후 대학에 복학했을 때다. 방학 동안 농장에서 일해 번 돈으로 혼자서 무작정 동남아 배낭여행을 떠났다. 그냥 답답해서였다. '앞으로 뭘 해서 벌어먹고 살아야 하나.'라는 답답함이 컸다. 요즘과 달리 혼자 배낭여행을 다니는 대학생이 별로 없던 시절이라, 해외여행을 통해서 뭔가 남다른 일을 구상해보겠다는 자아도취에 빠져 추진된 여행이었다.

처음 내렸던 방콕 공항에서의 당혹감은 아직도 기억이 생생하다. 어디로 어떻게 가야 할지 몰랐기 때문이다. 인터넷이 지금처럼 활성화되지 않았던 그 시절에는 책이나 지도를 들고 다니며 갈 곳을 찾아야 했다. 그렇게 어렵사리 찾아간 게스트하우스에서 말은 통하지 않았지만, 생각보다 쉽게 외국인들과 어울렸던 내 모습이 기억난다.

그 때문이었을까? 무작정 해외로 나가서 살아야겠다는 멍청한 꿈을 갖고 돈키호테처럼 미국으로 취업이민을 온 것이다. 돌이켜보면 참 무모하기 짝이 없었다. 물론 내 역마살 하나만으로 아내와 단둘이

덜렁, 가족은 물론 친지 한 명 없는 미국으로 오게 된 것은 아니다. 지금 생각해보면 오고 싶어서 온 나보다 가족, 직장 다 남겨두고 날 따라온 아내가 더 대견하고 사랑스럽다.

한국을 떠난 이유는 또 있다. 한국에서 직장생활을 한 10년 후의 나의 모습과 직장선배들을 바라보니 암담하기만 했다. 물론 다들 좋은 선배였지만, 월급만 바라보며 하루하루 다람쥐 쳇바퀴 돌듯 살아가는 그들의 삶이 젊은 나에게는 너무나 답답해보였다. 그러면서 나의 능력이나 위치로 보아 그들보다 미래가 더 좋을 거란 보장도 없었다. 그것이 도피하듯 외국으로 나오게 된 더 큰 이유였다.

미국이라는 나라는 그리 호락호락하지 않았다. '오즈의 마법사'와 같은 동화 속 같았다. 주인공 도로시가 고향인 캔자스로 자신을 돌려보내줄 수 있다는 마법사를 만나기 위해 에메랄드 성을 찾아간다. 그런데 막상 마법사를 만나고 보니 그는 아주 평범한 사람이었다. 바로 그런 마법사 같은 곳, 미국은 나에게 그런 곳이었다. 기대만 컸지 한국과 다를 바 없었다.

지금 생각해보면 한국에서 살 자신이 없어서 미국으로 도피했던 게 아닌가 싶다. 당시에는 그것이 젊은이의 특권인 모험이라 생각했는데, 지금은 도피였다는 게 솔직한 고백이다.

그렇게 시작한 미국생활 초기 몇 년은 좀처럼 좋아질 기미가 보이지 않았다. 그러던 와중에 큰딸이 '발달장애'를 가지고 세상에 태어났다는 것을 알게 되었다. 하늘이 무너지는 듯했다. 도움받을 친지 한 명 없는 우리 부부에게 온 너무 큰 시련이었다. 그 당시 아내는 카페테리아에서 아르바이트를 하며 살림을 돕고 있었다. 하지만 치료비를 보태기에는 턱없이 부족했다. 며칠을 고민하다 내린 나의 결론은 '돈을 벌자'였다.

돈으로 딸의 발달장애를 치료할 수 없다는 걸 알고 있었다. 하지만 무엇이라도 해야 한다는 생각이 지배적이었고, 뭔가를 하지 않으면 미칠 것 같은 상황이었다. 그래서 어디든 이 한 몸 던져야 그것에 묻혀 그나마 살 것 같았다.

나의 돈 벌기는 그렇게 시작되었다. 사람이 꼭 돈을 벌어야 하는 이유가 있어야만 돈을 버는 것은 아니지만, 목적이나 이유가 있을 때 동기부여가 되는 것만은 확실하다. 어떡해야 돈을 벌 수 있을까? 정말 많은 고민을 했다. 하지만 결론은 간단했다. 안 쓰든가, 더 벌든가 이 두 가지 방법뿐이었다.

돈을 버는 첫 단계는 '돈 벌 결심'에서 시작된다. 잘 먹고 잘살기 위한 것뿐이라도 좋다. 좋은 차를 타고 싶어서도 좋다. 좋은 가방을 사고 싶어서도 좋다. 하지만 궁극적인 목표는 '자유'에 닿아 있어야 한다. 진짜 부자란 바로 이 '자유'를 가진 사람이다. 하지만 아직은 이런 거창한 이상에 사로잡혀서는 안 된다. 당장은 돈 버는 일만 생각하면 된다. 거창한 이상理想보다는 당장 오늘과 내일만 생각하자.

'자유'란 무엇일까? 우리는 인생에서 어떤 자유를 누리며 살아야 할까? 막연하지만 우리 주변을 둘러보면 경제적 자유와 시간적 자유를 함께 가진 사람은 많지 않다. 하지만 금전적 자유보다 시간적 자유를 가진 사람이 사실 진정한 자유인 아니겠는가?

경제적으로 성공했다는 사람도 결국 자신이 빠지면 무너지는 시스템 안에 속해 있다. 그래서 그들이 경제적으로 아무리 성공했어도 자신의 시간과 열정을 상당시간 투자해서 일해야만 그것이 유지된다. 그들은 '성공'한 샐러리맨이나 자영업자이다.

그들의 삶은 늘 바쁘고 시간적 여유가 없어서 우리가 생각한 것보다 그리 행복하거나 화려하지 않다. 시간적 자유가 없기 때문이다. 그냥 사는 것이지 뭔가 대단한 것이 있겠느냐고 반문할 수도 있다. 사는 동안 경제적으로 풍요롭고 시간적 자유를 누리면서 잘사는 게 중요하다.

그러니 '왜 돈을 벌어야 하는가?'라고 스스로 물어보자. 좋은 차나 좋은 가방을 갖고 싶어서 돈을 버는 것 역시 당신이 경제적 자유를 갖고 싶어 하는 이유 중 하나다. 사랑하는 가족들이 경제적 여유를 갖는 일은 참으로 뿌듯한 감정을 줄 것이다. 하지만 이보다 더 궁극적인 목표는 '시간적 자유'를 얻는 일이다.

경제적 자유란 시간적 자유를 갖기 위한 전 단계이다. 한 달에 10만 달러를 벌지만 잠잘 시간 없이 일만 한다면 그 사람에겐 자유가 없는 셈이다. 시간을 그 누구의 제재도 없이 조정할 수 있을 때 진정한 자유가 생긴다.

수많은 사람이 아침이면 직장에 간다. 그들은 직장에서 정해놓은 시간을 일하고, 그 중간중간 잠시 휴식시간을 갖는다. 경제적 자유를 얻기 위해서다. 그들에게 경제적 자유의 단계가 없다면 그 시간은 그들의 것이 아니라 누군가가 가져간 시간이다. 그 시간 내에서 눈치를 보며 조금씩 빌려 쓰고 있을 뿐이다. 그것은 경제적 자유와 시간적 자유를 함께 가진 어떤 사람이 정해놓은 룰을 따르는 일이며, 그 시간은 그에게 종속되어 있다. 당신 역시 마찬가지다. 당신의 시간과 노동을 팔아서 그 가치로 월급을 받는 것이고, 자영업자라면 고객들로부터 돈을 벌게 된다.

타인이 만들어놓은 돈 버는 시스템 속에서 내 시간을 찾고 종속에서 벗어나려면 첫째로 경제적 자유를 얻어야 한다. 경제적 자유가 없다면 시간적 자유를 추구하는 일은 생각지도 마라.

자유 없는 삶은 영혼 없는 육체와 같다.

- 칼릴 지브란

돈 버는
자동화 과정까지 가려면

일당을 조금이라도 더 올리고 자신만의 돈 버는 시스템을 만들어 가는 과정은 매우 비관적이다. 스스로 인생을 저주할 수도 있다. 돈 벌기가 쉬울 것 같은가? 그럼 왜 지금까지 돈을 벌지 못했는가?

막연한 예상처럼 돈을 벌려면 독하게 돈에 집착해야 한다. 당신의 하루하루가 저주스러울 만큼 두려움과 공포를 가지고 덤벼들어야 한다. 이 일은 절대 행복하지 않다. 미리 이야기하지만 두려움과 공포, 우울함을 이길 마음가짐이 없다면 처음부터 시작하지 않는 게 좋다.

당신의 목표가 하루하루를 그냥 안일하게 사는 것이라면 이 책을 덮어라. 10년 후 행복한 게 목표고, 은퇴 후 자유롭게 살고 싶다면 오늘을 저주할 정도로 지독하게 살아야 한다. 오늘과 내일, 미래의 즐거움까지 동시에 갖는 것은 거의 불가능하다. 당연히 과거는 생각할 이유가 없다. 내일을 얻기 위해선 오늘 즐길 모든 것을 포기해라. 오늘을 즐기는 삶을 포기할 수 없다면 현재 당신의 처지에서 할 수 있는 게 없다. 쓸데없는 시간 낭비와 감정 소비를 하지 말라는 것이다.

이 길을 걷기 시작하면 친구와 멀어질 수도 있다. 친구와 노닥거릴 시간이 부족하다는 말이다. 나는 친구가 없는 삶을 살았다. 하지만 내 길에 대한 의지가 확고했기에 결과적으로 나쁘지 않았다. 인간관계를 등한시했다기보다, 실제로 친구와 함께 보낼 시간이 부족했다.

난 미국생활 처음 10년을 정말 증오했다. 죽고 싶었고, 하루하루가 지옥 같았고, 건강도 잃었다. 세상에 공짜는 없다. 내가 항상 하는 이야기다. 돈이 불어나는 만큼 스트레스 크기도 비례해 늘어난다. 하지만 이 스트레스가 최고치에 다다르고, 버는 돈의 양이 확연히 늘어나 돈이 스스로 일을 해주면 달라진다. 돈을 벌어주는 자동화 시스템이 갖춰지면 그때부터 스트레스는 급격히 줄어든다. 그리고 스트레스는 줄지만 돈은 줄지 않는 신기한 경험도 하게 된다. 아니, 이제부터 여러분도 경험하게 되기를 바란다. 비로소 안정이 찾아온 상태다. 그러니 시쳇말로 '존버'할 강단이 있으면 도전하고 아니면 시작도 말라는 것이다.

이미 돈을 많이 번 부자나 위너들의 그럴듯한 명언이나 조언에 휘둘리지 마라. 그들은 뭔가를 자랑하고 싶고, 특별한 통찰이나 능력이 지금의 자신을 만들었다는 전기傳記를 쓰고 싶어 한다. 모두 열심히 살지만 그들이 당신보다 그냥 조금 더 운이 좋았을 뿐이다. 특별한 방법도 없으면서 그냥 멋있게 포장하는 말이다. 그들이 잘하는 말은 "당신이 좋아하는 일을 할 때 생기는 열정을 따르라.", "즐기는 자를 이길 수 없다."라는 식의 조언일 뿐이다. 소수의 누군가에게는 적절한 조언이었을지 모르지만, 내가 경험해본 결과는 아무 의미없는 '뜬구름 잡는 소리'였다.

우리는 좋아하고 즐길 수 있는 일을 '취미'라고 부른다. 그 취미와 열정을 가지고 성공한 사람을 가끔 미디어를 통해 만난다. 그들이 왜 이슈가 되어 미디어에 소개되겠는가? 희소성 때문이다. 예를 들어 당신이 강아지를 키우고 옆집도 강아지를 기른다는 사실은 뉴스거리가 아니기 때문에 미디어에 소개되지 않는다. 하지만 한 아파트 전체 동의 주민이 단 한 가구도 빠짐없이 강아지를 기른다면 이슈가 될 수 있다. 일반적이지 않기 때문이다. 그러니 일반적이고 듣기 좋은 조언에 속지 마라. 당신이 좋아하는 일은 취미이다. 그건 돈을 번 다음에 해도 괜찮다. 물론 당장 취미생활이나 하면서 편하게 사는 것이 더 중요하다면 그렇게 해도 좋다. 하지만 충분한 돈을 벌고 싶다면 아직은 때가 아니다.

지금 난 일렉트릭 기타를 배우고 있다. 내가 원하는 시간에 운동을 하고 낚시도 즐기며 자유롭게 여가생활을 한다. 그리고 우리 둘째 아이가 학교에 갈 때도 항상 내가 데려다준다. 내가 아주 좋아하는 시간이다. 차로 겨우 2분밖에 안 걸리는 거리지만 내려서 건널목을 같이 건너기까지 7살 아이의 이런저런 이야기를 듣는 재미가 쏠쏠하다.

이런 취미들은 나처럼 매일 일하지 않아도 되는 때, 아니면 경제적 자유가 실현되었을 때 해도 늦지 않다. 충분히 할 수 있다. 지금은 다른 생각 말고 현실을 직시할 때다. 환상에 살지 말고 허황된 꿈은 꾸지 말자.

길을 아는 것과 길을 걷는 것은 다르다.

- 붓다

얇고 넓은 지식을 가져라

이희연 작가의《솔로몬 탈무드》를 보면 잡학을 쌓으라는 구절이 나온다. 기회가 되면 꼭 한번 읽어보길 권한다. 유대인이 세계금융계를 지배하게 된 것은《탈무드》가 그들의 정신적 지주 역할을 했기 때문이다. 저자가 잡학 공부를 강조하는 이유는 다음과 같다.

1. 누구를 만나더라도 다양한 주제의 대화가 가능하다

만약 세일즈를 하거나 사업을 하는 경우라면 넓고 얕은 잡학 지식이 많은 도움이 될 것이다. 대화 없이는 그 어떤 거래도 이루어지지 않기 때문이다. 대화란 정보를 주고받는 과정이다. 먼저 정보를 주고받을 분위기를 만들고, 내 정보를 상대에게 효과적으로 전하기 위해서는 우선 공감 가능한 '공통의 주제'가 필요하다.

'스몰 토크'라 불리는 일상 이야기나 상대가 관심을 가질 만한 간단한 주제의 대화가 여기에 포함된다. 당신이 얇고 넓은 지식을 가질 때 대화의 분위기는 한층 부드러워진다. 상대가 혹시 모르게 가질 수 있는 적대심이나 의심을 누그러뜨릴 수 있기 때문이다. 나도 사업상 모르는 사람과 만나야 하는 경우가 많다. 낯을 가리는 나에게는 이러한 상황이 사업을 할 때 마주치는 최악의 스트레스다. 난 좋아하는 사람만 만나고 살 정도로 폐쇄적인 편이다. 보편적으로 어떨 것이라 생각하는 표준적인 사업가의 기준에는 맞지 않는다. 사업하기에 최악의 사람인 것이다. 하지만 나는 누군가를 만나러 가기 전 가장 먼저 상대에 대한 정보를 찾는다. 주로 취미를 찾는다.

미국의 경우 웹사이트에 해당 사업체의 웬만한 중요인물들에 대한 소개가 나오는데 마지막 한두 문장은 꼭 그들의 취미를 적어놓는다. 나는 거기서 곧 만날 사람의 취미를 메모하고 기억해둔다. 물론 그들 사업체의 웹사이트를 자세히 훑어보고 사업에 대한 이해력을 높이는 것은 기본이다. 이렇게 준비한 다음 미팅에 나간다.

처음 인사를 한 뒤 내가 쓰는 것은 가면이다. 미팅하는 동안은 내가 아니다. 미팅에 나가면 난 그 자리에서 상당히 즐거운 척한다. 척하는 것 역시 쉽지 않으므로 아예 연기를 한다. 가면을 만들어 다른 인격으로 미팅한다. 인사를 하고 그들의 취미에 관한 이야기를 슬슬 시작한다. 그러면 상대는 자세를 앞으로 취하며 대화에 몰입한다. 이후에 일 이야기를 한다. 당연히 대화가 상당히 부드럽게 진전된 상태에서 시작하므로 미팅의 성공률도 높아진다.

나뿐만이 아니다. 상대도 마찬가지다. 예를 들어 그들은 내가 낚시를 좋아한다는 걸 알고 나오는 경우가 많다. 내가 한국인이라는 것도 알고 나온다. 그들이 낚시와 한국에 대한 이야기를 시작하면 나도 모르게 자세를 앞으로 기울이게 된다. 그들의 말을 경청하게 되고 어색했던 벽이 무너지면서 서서히 친근함을 느낀다.

2. 잡학을 쌓아야 하는 이유는 사물을 바라보는 시각과 관련 있다

지식을 깊이 알아야만 반드시 좋은 것은 아니다. 물론 깊이 아는 것도 중요하지만 얇은 지식을 많이 알면 알수록 사물을 바라보는 시각이 달라진다. 한 가지 사물을 두고도 여러 면에서 바라볼 수 있는 시야가 생긴다.

'부자 되는 터틀 스텝 10단계'에서 '경제적 독립'의 전 단계로 가장 권유하는 일은 자신의 사업체를 만들라는 것이다. 물론 거창하게 회사를 차리라는 이야기가 아니다. 꾸준하게 수동적 수입을 만들어줄 사업이 필요하다는 이야기다. 이 단계에서 가장 중요한 건 사물이나 사건을 다양한 시각에서 바라보는 능력이다. 이런 능력은 단기간에 나타나거나 발전하지 않는다.

얇고 넓은 지식을 갖는 최고의 방법은 단연 책 읽기이다. 간단한 인터넷 검색으로도 얇고 넓은 지식을 쌓을 수 있겠지만 그렇게 하면 너무 얕은 수준이면서 사고의 깊이가 떨어진다.

생물은 여러 지역으로 퍼져 나갈 때 생존율이 높아진다. 한곳에서만 산다면 어떤 위험이 닥쳤을 때 종種 모두가 멸종할 확률이 높다.

- 리처드 도킨스 《이기적 유전자》 중에서

왜
책인가?

자기계발서에서 절대 빠지지 않는 주제가 있다면 바로 책을 많이 읽으라는 것이다. 나도 그 말에 전적으로 동감한다. 왜 책을 읽어야 하는지, 왜 책이 자기계발의 무기가 되는지 살펴보자.

1. 자신감을 길러준다

난 에세이나 소설은 잘 읽지 않는다. 만들어진 이야기나 남의 이야기에 큰 관심이나 감동을 느끼지 못하기 때문이다. 물론 책을 읽을 때 그렇다는 말이지 지나치게 공감능력이 떨어진다는 말은 아니다. 호기심 때문에 몇몇 유명 작품을 읽어보았지만 크게 내키지 않았다. 내가 주로 읽는 책은 의학·심리학·역사·철학·사회학·자기계발서 정도의 분야다. 자기계발서는 주로 돈과 관련된 책을 읽는다.

다양한 책을 읽으면 얇고 넓은 지식이 발달하게 된다. 재미를 붙인 분야는 더 깊게 읽게 되니 깊은 지식도 함께 따라온다. 여러 방면의 책을 읽다 보면 얇은 지식이 쌓여 다른 책에 나오는 내용도 더 잘 이해된다. 그리고 다른 사람이 내놓는 이런저런 의견에 대한 내 견해도 선다. 타인이 내세우는 의견의 논지가 기본적으로 잘 이해되기 때문에 내 생각이 더욱 탄탄해지고 자신감이 생긴다. 이런 자신감은 앞으로 돈을 벌기 위한 긴 여정에서 어마어마한 정신력으로 당신을 무장시켜준다.

2. 남과 다른 차별화된 나를 만들어준다

지금은 한 우물을 파는 세상이 아니다. 더 많은 우물을 파서 끊임없이 물을 공급하거나 아예 수원水原을 찾아 그 안에 새로운 기술을 투입하는 시대다. 기존에 없던 생수를 생산해 '무공해 생수'라는 등의 이름을 붙여 파는 것이다.

지금은 자신의 한 분야에서 최고가 되어 잘 먹고 잘살기는 정말 힘든 세상이다. 일등은 단 한 자리뿐이기 때문이다. "승자가 모든 것을 가진다The winner takes it all."라는 말을 기억하자. 하지만 내가 다른 분야까지 이해하고, 인간의 행동양식까지 잘 이해한다면 이전엔 없던 시장이 생긴다. 그리고 그 시장에서 당신은 일등이 된다. 우리는 그걸 '블루오션'이라고 부른다.

3. 진짜와 가짜를 구분하게 해준다

유튜브를 보다 보면 제목으로 자극적인 주제를 띄우는 경우를 발견한다. 그래야 구독자들이 관심을 갖기 때문이다. 미국에서 유명한 투자관련 전문가 중 한국에서도 많이 알려진 사람이 있다. 바로《부자 아빠 가난한 아빠Rich Dad Poor Dad》를 쓴 로버트 기요사키Robert Kiyosaki다.

기요사키의 이 책은 내게 처음 돈이 무엇인지를 알게 해주었다. 기요사키는 이후 더 많은 책을 냈는데 거의 다 읽어보았다. 내 서재에는 그의 책 대부분이 꽂혀 있다. 그의 첫 책이 너무나 인상 깊었기 때문에 기대심리로 이후의 책들도 계속 읽은 것이다. 그런데 첫 책 이후 출간되는 다른 책들이 거의 같은 말만 반복하는 수준이라 아쉽기만 하다.

기요사키의 최근 유튜브 영상을 보면 제목들이 상당히 자극적이다. 지금은 부자들의 음모니, 엘리트들의 음모니, 세상 모든 돈은 가짜 돈이니 하며 무슨 음모론 전문저자가 된 듯하다. 그래서 나는 그의 첫 번째 책은 적극 추천하지만 그 이후의 책들은 추천하고 싶지 않다. 시간과 돈 낭비 같다는 생각이다.

내가 만약 그의 첫 번째 책을 읽은 뒤 또 다른 저자의 책을 읽지 않았다면, 아마도 그의 모든 책의 내용을 맹신하고 있을지 모른다. 하지만 이후 돈과 관련된 많은 다른 저자들의 수많은 책을 읽으면서, 그의 책 속에 담긴 내용이 크게 와닿지 않았다. 스스로 이해가 생긴 것이다.

독서는 사람 보는 눈도 길러준다. 그를 둘러싼 다양한 논쟁을 생각하면, 그의 개인적인 삶에 크게 토를 달 수 없지만 어떤 지식을 좇아야 하고 말아야 할지는 판별하게 된다. 지금 그가 말한 부자 아빠는 존재하지 않고, 그가 만들어낸 가상의 인물이란 논쟁이 있다. 하지만 그건 중요하지 않다. 만약 부자 아빠가 픽션 인물이라 할지라도 책의 정보를 잘 전달하는 데 좋은 착안이었다고 생각한다. 그런데 최근 들어 책과 유튜브 등에서 음모론이나 금과 은만이 진짜 돈이라는 주장을 들었을 때, 예전 그의 책 중에서 읽은 내용이 상기될 수밖에 없다. 그가 금광에 투자하고 있다는 사실을 밝힌 적이 있기 때문이다.

나도 금과 은에 투자하고 있다. 하지만 세상 어느 나라에서도 그의 주장처럼 물가가 올라서 금과 은을 들고 나가 음식으로 바꾼다는 이야기를 들어보지 못했다. 돈의 가치가 떨어지는 것에 대한 헤징hedging으로 금과 은에 투자하는 것은 나쁘지 않다고 생각한다. 헤징은 기초자산의 포지션을 정기적으로 조정하여 위험자산의 가격변동을 제거하는 것을 말한다. 이 세상의 금융시스템이 무너지고 곧 아마겟돈이 도래할 거라는 식의 음모론은 나를 불편하게 만들었다.

지금은 인터넷을 통해 어떤 정보든 손쉽게 찾아본다. 물론 정보의 진위유무도 쉽게 찾아본다. 하지만 세상의 모든 정보가 진짜와 가짜로만 구분되는 것은 아니다. 한때는 진실인 듯 여겨진 것들이 훗날 가짜거나 의도가 담긴 정보로 밝혀질 수도 있다. 하지만 다양한 분야의 책 읽기는 상황에 따라 당신에게 진짜 필요한 정보를 제공해준다. 그리고 무언가를 아주 정확하게 판단할 수 없을 때 그 상황과 지식을 '좀 더' 잘 판단할 능력을 길러준다.

4. 사유의 깊이를 높여준다

나는 고등학생 때 처음으로 책에 관심을 가졌다. 아이러니하게도 지금은 잘 읽지 않는 소설, 그중에서도 무협소설인 김용의《영웅문》을 통해 책에 입문했다. 물론 그 이전에도 싸구려 무협지를 좀 읽었기 때문에 이《영웅문》역시 그러한 장르라 생각하고 읽기 시작했다. 그런데 완전히 빠져들어 중간고사 기간 내내 이 장편을 읽었던 기억이 난다. 어차피 공부는 포기했던 때라 마음 편히 즐겁게 읽었다. 최근 들어 다시 찾아보니 3부까지 총 18권이나 되는데, 내가 그 책을 끝까지 다 읽었다는 사실이 무척 신기할 따름이다.

그 이후 김용의 모든 책을 다 읽었던 거 같다. 어떤 이들은 김용 소설의 수준이 낮다고 말하지만, 나는 책 읽기를 시작하게 해준 김용 작가에게 감사해하고 있다. 그렇게 책 읽기의 즐거움을 깨닫고 대학 때는 사회과학 분야의 책에 빠졌다. 전공 공부에 전혀 관심이 없었던 탓도 있었다. 소설책 읽기에서 사회과학책 읽기로 넘어가며 처음으로 세상이 그리 공평하지 않음을 인식했던 기억도 희미하게 남아 있다.

사회과학 책으로 넘어가면서 가장 처음 접했던 어려움은 바로 그 책 속에서 사용되는 용어와 단어의 생소함이었다. 우리가 어떤 사물이나 현상을 이해하고 설명하려면 언어를 이해해야 하고, 그 언어의 틀 안에서 사고가 작동한다. 스스로 단어나 언어로서 표현하지 못하고 이해하지 못하는 개념은 아무리 훌륭한 책을 읽은들 타인과 공유할 사고의 틀을 제공할 수 없다. 하지만 다독을 통해 언어로써 표현되는 개념과 상황들을 폭넓게 이해하게 되면, 그 다음부터 책은 이해의 틀을 넓혀주고 세상을 이해하는 다양한 인식의 틀을 제공해준다.

마찬가지로 돈과 관련된 책을 읽고, 돈에 관련된 단어와 어휘력을 넓히면, 돈에 대한 이해의 폭과 이해하는 틀이 바뀐다. 예를 들어 부동산에서 사용되는 자본이득Capital gains과 현금흐름Cash flow이라는 개념을 이해하면, 어떤 투자가 맞는지 맞지 않은지 인지하게 되고 모름으로 인해 생기는 공포가 줄어든다. 공포가 줄어들면 흔들리지 않게 되고, 흔들리지 않게 되면 투자의 세계에서 성공할 확률이 높아진다. 전문가와 비전문가를 가르는 가장 큰 차이는 그 분야의 어휘에 대한 이해력이다.

한국이든 미국이든 법조문에서 사용되는 어휘는 상당히 어렵고 일반적인 단어가 아니다. 그래서 나도 사업에 관련된 문제로 변호사를 자주 찾아가 상담한다. 가장 큰 이유는 내가 이해하지 못하는 법조문에 대한 내용을 그들은 잘 알고 있기 때문이다.

이처럼 각 분야의 전문가들은 자신이 몸담은 분야의 '어휘 이해력'으로 돈을 번다. 그래서 전문영역일수록 어렵고 복합적인 단어들로 구성되며 자신들만 이해할 수 있는 영역을 만들어내기도 한다. 그렇게 되면 일반인에겐 어휘 자체가 진입 장벽이 된다. 의료영역을 보면 이 사실이 더 확실해진다. 그들은 일반인이 잘 모르는 라틴어 기반의 용어를 사용하고 있다.

이렇듯 늘어난 어휘력은 다양한 분야에서 사유思惟를 깊게 만든다. 다각적으로 사물을 바라보고 다양한 시각과 독특한 시각을 갖는 일은 이후 줄곧 중요한 역할을 한다.

내 생애 들은 최고의 조언은 지식은 힘이고 책을 계속 읽으라는 것이다.

- 윌리엄 셰익스피어

공부하는 자세

공부란 '학문이나 기술을 배우고 익힘'을 의미한다. '공부한다'는 것은 지금 하는 일이나 앞으로 할 일과 관련해 무언가를 배우고 익힌다는 의미이다. 세일즈맨이라면 세일즈를 더 잘할 수 있는 방법을 배우고 익혀야 하고, 누군가를 가르쳐야 한다면 해당 분야의 지식을 배우고 가르치는 기술을 연마해야 한다.

공부할 때는 강박적으로 해야 한다. 사업에 도전하는 많은 사람이 초기에 실패하는 원인은 지식을 쌓으려는 노력이 부족하기 때문이다. 어느 정도 자리를 잡아갈 때까지 사업이 스스로 굴러갈 수 있는 자동화 환경을 만들어놓아야 한다. 그렇지 않으면 다시 어려움을 겪을 수 있다. 초기의 승패에는 사업 노하우 등 사업을 위해 투자하는 노력이 절대적이다. 경쟁자가 나보다 더 많은 지식을 쌓기 위해 노력하고 있다면, 사업 출발부터 이미 그 경쟁자를 이길 수 없다.

공부한다는 것은 단지 시험을 잘 보기 위한 지식을 쌓는 것만을 의미하지 않는다. 예를 들어 종합격투기 선수에게 지식은 복싱·주짓수·레슬링·킥복싱 등의 이론과 그 기술을 몸으로 익히는 것이다. 머리로만 쌓는 지식이 공부의 전부가 아니고 몸으로 쌓는 지식도 공부다.

실패하지 않으려면 자기 분야에서 그에 걸맞은 정도의 지식을 쌓아야 한다. 그 지식의 수준은 같은 분야에서 타인의 수준을 넘어서야 한다. 그렇지 않으면 그 어떤 분야에서도 타인을 이기기 힘들다. 단지 경험을 쌓는 것과 공부를 하면서 함께 경험을 쌓는 것은 하늘과 땅 차이라는 것을 알아야 한다.

어떤 사람은 식당을 20년간 운영했어도 하루하루 먹고살기 힘들고, 어떤 사람은 그 절반인 10년도 안 돼 수백 개의 프랜차이즈를 거느리는 위치까지 오른다. 부엌에서 간단한 음식 하나를 만들 때만 봐도 취사도구와 동선을 공부하고 몸에 익힌 사람과 그렇지 않은 사람, 자신이 만드는 음식의 식재료를 공부하고 다양한 방법으로 조리해본 사람과 그렇지 않은 사람 사이에는 당연히 차이가 발생한다. 여기에 경영원칙을 세워 지키고 마케팅 방법까지 공부한다면 당연히 남들보다 앞설 수 있는 것이다.

예를 들어 어떤 사업을 한다고 가정해보자. 이때 회계에 대한 기본원리와 회계어휘를 이해하지 못하면 업무 처리가 상당히 힘들어진다. 혹자는 "회계사를 고용하면 되지 않나요?"라고 말한다. 하지만 그 회계사가 회사의 손익계산서나 세금문제를 두고 의논을 나눌 상대는 바로 당신이다. 회계사가 "수익은 나는데 현금 흐름이 줄고 있다."라고 말하면, 그게 무슨 말이고 의미인지 알아듣고 경영에 반영해야 하는 건 자신이다. 그런데 이를 이해하지 못한다면 적절한 변화의 시기를 놓칠 가능성이 매우 크다. 당연히 타인과의 경쟁에서 지는 것은 시간문제다.

이런 원리에서 살아남고 성공하기 위해서는 타인보다 두 배는 더 공부하고 일해야 한다. 전문적인 분야의 공부가 필요할 때는 이미 그 길을 걸어본 사람이 쓴 책에서 도움을 얻으면 가성비가 높다. 책 한 권에서 한 가지 아이디어를 얻고, 문장 한 줄이 도움을 준다면 그 책에 지불할 만한 충분한 가치가 있지 않겠는가?

최근에는 코로나19 때문에 비대면contactless 시대를 맞고 있다. 더불어 수많은 온라인 강좌가 아주 저렴한 가격에 인터넷에 공급되고 있다. 대부분의 강사는 그 분야의 전문가이거나 성공한 사람이다.

나는 최근 들어 온라인 스토어 사업에 관심이 생겨 공부를 시작했다. 그때 내가 가장 먼저 한 일은 책을 주문한 것이고, 두 번째로 온라인 강좌신청을 했다. 자신이 속한 분야의 지식을 공부할 때는 그 일에 거의 강박증 환자처럼 매달려야 한다. 특히 현대사회처럼 경쟁이 심하고, 정보 접근성이 높은 시대에는 더욱 미쳐야 한다.

오래 전에 읽은 정민 작가의 책《미쳐야 미친다》에 이런 구절이 있다.

"불광불급不狂不及이라 했다. 미치지 않으면 미치지 못한다는 말이다. 남이 미치지 못할 경지에 도달하려면 미치지 않고는 안 된다. 미쳐야 미친다. 미치려면及 미쳐라狂. 지켜보는 이에게 광기로 비칠 만큼 정신의 뼈대를 하얗게 세우고 미친 듯이 몰두하지 않고는 결코 남들보다 우뚝한 보람을 나타낼 수가 없다."

배움의 목적은 크든 작든 자발적으로 죽었다가 다시 태어나는 것이다.

- 조던 피터슨

제2장

'리틀 스텝 10단계' 전 준비운동

S L O W M O N E Y

S L O W

M O N E Y

기초체력을 튼튼히 쌓아야 오랜 경주에서 이길 수 있다. 이 장에서는 제4장 '터틀 스텝 10단계'에 들어가기 전 필요한 준비운동으로, 실질적인 돈 버는 기술인 행동양식을 배우게 된다. 습관으로서의 의지의 중요성을 인식하고, 돈을 벌기 위한 경주의 기본 마인드 세팅을 마무리할 것이다.

실천가능한 목표와 습관의 자동화

부자가 되기 위해서는 당연히 목표가 있어야 한다. 목표가 없으면 내가 걷는 길이 어디인지 알 수 없고 방향도 알 수 없다. 마치 보이지 않는 과녁에 활을 쏠 수 없는 것과 마찬가지 이치이다. 과녁이 가깝지 않더라도 일단 보여야 한다. 원하는 것이 무엇인지 알아야만 그것을 얻기 위해 포기해야 할 것이 무엇인지 알 수 있다. 차를 타고 가본 적 없는 목적지를 찾아갈 때 내비게이션에 목적지를 입력하고 찾아가는 것과 마찬가지다.

부자가 되기 위해 목표를 설정할 때 나는 큰 목표를 세우지 말라고 이야기한다. 목표가 너무 크거나 허황되면 나아가는 과정에서 자신을 갉아 먹게 된다. 그 목표에 이르지 못하는 자신을 자책하고 좌절하는 것이다. 또한 자책이 오래 지속되면 무기력에 빠지고 다시 도전하기 힘들어진다.

그래서 목표는 작고 성취 가능한 것들로 자주 설정하는 게 좋다. 그렇게 작은 목표를 이뤄나가면 성취감과 자신감이 생겨 당신을 이끈다. 자신감이 생기면 무의식의 세계에서 습관이 되어 나의 행동을 자동화한다.

돈을 벌기 위해서는 열정과 노력보다 거북이처럼 천천히 느리지만 끝까지 걸어 나갈 지속력이 필요하다. '지속력'은 습관처럼 몸에 스며들어 행해지는 힘을 말한다. 우선 큰 목표를 잡지 말고 '가능한' 목표를 설정하는 것이 중요하다. 그리고 그 목표가 이뤄지는 것을 경험하며 꾸준히 삶 안에서 희열을 느껴야 한다.

몇 개월 이내 고액의 고급 아파트를 사겠다는 말은 목표를 포기하겠다는 말과 다를 바 없다. 월급 3백 달러를 더 받을 방법, 아니면 부업으로 5백 달러를 더 벌어 1년에 1만 달러라도 더 저축하겠다는 것이 목표여야 한다. 그리고 직접 계획한 목표를 달성했을 때 느끼는 희열을 배워야 한다. 그래야 최종 목표까지 가는 사다리를 하나씩 오를 수 있다. 너무 높은 목표치를 잡으면 도달하기 불가능하거나 도달하는 데 그만큼 시간이 오래 걸리므로 희열을 느끼기 힘들다.

그런 의미에서 사실 '목표를 따라가는 것'보다는 '생활습관을 만드는 것'이 더 중요하다. 습관이란 '지속성'과 같은 의미이다. 삶에서 습관이 차지하는 비율은 43%이고, 비습관 비율은 57%라고 한다. 우리의 생각보다 훨씬 광범위한 영역에서 습관이 삶을 좌우한다는 것을 알 수 있다. 습관을 만들면 습관이 곧 '생산수단'처럼 반응해 같은 일에도 들이는 노력을 그만큼 최소화해준다.

제4장에서 내가 제시할 부자 되는 '터틀 스텝 10단계'에서 초반에는 목표를 설정하고 그것을 달성하며 성취감과 보상을 느끼는 방법의 낮은 단계를 수행해나간다. 이때는 '의식적 자아'가 행동을 통제한다. 그렇게 빚을 갚아나가고 저축해가면서 성취감과 통장에 쌓이는 숫자라는 보상을 느낄 수 있다.

그렇게 빚을 다 갚고 1만 달러를 모으고 나서부터는 터틀 스텝 제5단계에서 투자를 시작한다. 이 시기부터는 행동을 습관화하여 자동화하는 '비의식적 자아'가 당신을 지배하게 해야 한다.

ETFExchange Traded Fund나 뮤추얼펀드Mutual Fund 등을 선택해놓고 통장에서 매달 일정금액이 투자되게끔 자동화해야 한다(자세한 내용은 제4장 터틀 스텝 제7단계 참고). 어떤 투자상품이 좋은지는 여러 책을 읽고 더 깊게 공부해야 하는 영역이지만, 실제 투자하는 방식은 반드시 습관인 자동화 방식으로 해야 한다.

그러다 보면 결국 원하던 목표를 달성하게 된다. 목표를 매일 바라보고 달리면 오히려 스트레스를 받고 포기하거나 목표를 이룬 뒤 찾아오는 허망함에 루틴을 놓칠 수 있다. 등산할 때도 산꼭대기만 바라보며 걸으면 금방 지치지만, 내 발아래 4~5m 앞만 보고 걷다 보면 어느새 정상에 도달한다. 그냥 아무 생각없이 로봇처럼 걷는 게 때론 사람을 훨씬 덜 지치게 한다. 산을 오를 때 가뜩이나 신체 에너지를 많이 사용해 힘든데 뇌까지 에너지를 과도하게 사용하면 피곤해지기 때문이다.

내가 즐겨보는 미국의 한 유튜버는 하루도 빠짐없이 콘텐츠를 한 개씩 올린다. 어떤 때는 두 개를 올리기도 한다. 나는 매일 그의 유튜브를 습관처럼 본다. 그가 습관처럼 매일 올리기 때문이다. 습관을 형성하는 핵심요소는 보상이 아니라 상황이라는 이야기다. 엄마가 아이를 아침에 학교에 보내는 걸 보면 습관이 얼마나 자동화되어 있는지 알 수 있다. 아이를 깨우고, 밥 먹이고, 씻기고, 차에 태워 정확히 학교수업 시작 5분 전에 학교에 도착하게 하는 마법은 1년 내내 달라지지 않는다.

투자할 때도 이렇듯 상황을 조절하여 행동의 자동화를 이끌어내야 한다. 이것이 '터틀 스텝 10단계'에서 매달 일정 금액을 적립식으로 자동이체시켜 투자하는 방법을 권유하는 이유이다.

> 사람들은 어떤 목적이나 결과를 바라지 않고도 그저 습관에 따라 행동한다.
> -심리학자 윌리엄 제임스

가장 먼저
빚을 없애야 하는 이유

은행은 16세기 이탈리아 베네치아 골목에서 유대인이 시작한 고리대금업에서 출발했다. 그 당시 유대인들이 앉았던 의자가 '방코'이고, 그것이 은행을 뜻하는 '뱅크Bank'의 어원이다. 당시 유대인들을 격리해서 살게 했던 곳이 지금의 '게토ghetto'이다. 흑인이나 소수민족들이 사는 곳이 가난한 슬럼가를 의미한다는 것을 볼 때, 고리대금업을 하던 유대인들이 얼마나 환영받지 못한 존재였는지 짐작된다.

그렇게 천대받던 고리대금업이 지금은 꿈의 직장이자 금융기관으로 바뀐 셈이다. 그들의 주 업무는 지금의 은행과 마찬가지로 돈을 빌려주고 이자를 받아 이익을 남기는 것이었다. 이는 무척 쉽고 간단한 거래다.

돈을 빌리면 부채가 된다. 부채란 오늘 쓸 돈, 다음 달에 쓸 돈, 그리고 몇 년 후에 쓸 돈을 먼저 끌어다 씀으로써 발생하는 것이다. 은행은 돈을 빌리는 사람이 이자를 꼬박꼬박 내며 원금도 갚아 나갈 능력이 되는지 따진다. 그런 뒤 돈을 빌려주는데 그걸 '신용'이라 부른다. 현대사회는 기본적으로 신용기반의 부채경제다. 미래의 돈을 끌어다 씀으로써 경제의 크기가 현존하는 사이즈보다 커지면 '성장'한다고 표현한다.

미국 은행은 지급준비금 10% 정도만 남겨놓고 나머지 돈을 모두 다 빌려준다. 그리고 빌려간 사람이 빌려간 돈을 다 갚으면 다시 그 돈의 10배를 다른 사람에게 빌려준다. 쉽게 말해 은행은 돈을 빌려줘서 돈을 벌고, 우리는 그 돈을 빌려 집을 사고 차도 산다.

문제는 빌린 돈을 못 갚거나 당신의 신용수준으로 빌린 돈의 채무를 감당하기 어려운 상황이 발생할 때, 그 결과가 가혹해진다는 것이다. 은행은 상냥하게 돈을 빌려줄 때와는 다른 모습을 보여준다. 당신에게 돈을 받아 다른 곳에 10배 더 불려 빌려줘야 하기 때문이다. 당신은 은행과의 경쟁에서 이길 수 없다. 이기는 유일한 방법은 그들과의 경기에 참여하지 않는 방법뿐이다.

경제적 입장에서 보자. 누구든 돈을 쓸 능력이 줄어들면 소비를 줄일 것이다. 그러면 기업의 물건이나 서비스가 덜 팔리고 결과적으로 경제는 침체된다. 부채라는 시한폭탄이 사람과 사람 사이를 계속 돌아다녀야 경제의 크기가 커지고 경제가 '성장'한다고 부를 수 있는데 그렇지 못한 것이다. 특히 지금과 같은 저금리시대는 더 '부채 바탕의 성장시대'다. 그러다 보니 사회는 부채를 권한다. 그리고 수많은 사람이 부채를 통해 부를 이루었다고 자랑하며 그 길만이 부를 얻는 지름길이라고 설명한다.

돈을 빌려 주식에 레버리지(차입금 등 타인의 자본을 지렛대처럼 이용하여 자기 자본의 이익률을 높임)를 걸어 투자하고, 많은 부채를 안고 집을 사는 길만이 돈 버는 지름길이라고 유혹한다. 부채는 마치 풍선과 같아서 커지면 터지는 게 당연한데도 말이다. 이 역시 아주 간단한 원리다.

많은 경제학 서적들은 좋은 부채와 나쁜 부채가 있다고 가르친다. 예를 들어 5%의 금액을 은행에서 빌려 집을 샀다고 가정해보자. 나중에 집값이 10% 오르면 자본이득이 생기는데 이걸 보통 '좋은 부채'라고 부른다. 빌린 돈 이상의 더 큰돈을 당신의 주머니 안에 넣어주기 때문이다. 반면, 신용카드를 쓰고 난 뒤 갚지 못해 생기는 높은 이자의 부채는 '나쁜 부채'라 부른다. 빌린 돈보다 더 많은 돈을 당신의 주머니 안에서 빼가기 때문이다.

따라서 부채는 지혜롭게 써야 한다. 우둔하게 들릴지 모르지만 '터틀 스텝 10단계'에서는 아예 부채를 없애라고 권유한다. 인생이 '지혜로운 좋은 부채 만들기'라는 공식에 맞게 진행되지 않기 때문이다. 만약에 '좋은 부채'를 만들었는데, 갑자기 아파서 일을 못 하게 된다거나, 다니던 직장에서 예고 없이 해고당하면 어쩔 것인가? 풍선은 크게 불면 불수록 터질 때 더 큰 소리를 낸다. 그 풍선이 터지지 않는 조용한 상황을 넘기려면 애초에 풍선을 크게 불지 말아야 한다.

지금은 저금리 유지와 미국 정부의 거의 무제한적인 양적완화로 인해 돈의 '유동성'이 매우 크게 늘어난 시대다. 유동성이란 간단히 말해 "돈 빌리기가 쉽다."라는 의미이다. 그러다 보니 너도 나도 빚잔치를 벌이고 있다.

파티는 언젠가 끝나게 되어 있다. 나에게 빚이 없거나 있던 빚을 다 청산하면 그만큼 통화량이 줄어든다. 그렇다면 누군가는 그 줄어든 통화량의 전체 파이$^{\pi}$ 때문에 힘들어질 수 있다. 통화량이 증가하지 않았으므로 그에게 돌아갈 돈, 즉 대출한도가 줄어든 만큼 누군가는 힘들어지는 것이다. 이 상대적 어려움은 주로 수입에 비해 빚이 많은 사람이 지게 마련이다.

인플레이션의 버블(빚) 잔치가 끝나고 통화량이 정체되거나 멈출 때 승자가 되는 사람은 '빚이 없는 사람'이다. 그게 토끼가 아닌 거북이처럼 걸어가야 하는 이유이기도 하다.

자본주의 금융시스템에서 우리는 절대로 은행을 이길 수 없다. 은행에 목숨 줄이 잡힌 채 살아가는 것이나 마찬가지다. 은행을 이기는 방법은 딱 하나 빚을 만들지 않는 것뿐이다. 세상 모든 사람들이 빚을 내지 않으면 금융자본주의는 망할 것이다. 신용을 바탕으로 이루어지는 자금대출을 기본으로 자본주의는 통화량을 늘려나가기 때문이다. 대출이 없어지면 금융자본주의는 성장을 멈춘다.

한마디로 나같이 미약한 존재가 이 불리한 싸움에서 이기는 길은 끼어들지 않는 게 유일하다. 빚을 없애고 대출을 받지 않는 것이다. 얼토당토않은 말이라며 현실적으로 불가능하다고 생각할 것이다. 자본주의에서 똑똑하게 살아가는 방법은 낮은 이자로 대출을 받아 더 큰 수익을 올리는 것이고, 그렇게 레버리지를 잘 이용하는 자들을 지금 우리는 현명하고 똑똑한 투자가라고 부르기 때문이다. 그렇지 않은 사람은 돈의 흐름과 자본주의 시스템을 이해하지 못하는 멍청이라 생각하기도 한다. 내가 지금 말하는 이론도 그런 측면과 현재 금융자본주의의 배경에서는 상당히 멍청한 이야기처럼 들릴 수 있다.

하지만 금융위기가 오고 주가가 폭락할 때 가장 먼저 회복하고 가장 빨리 오르는 주식을 살펴보라. 그중의 하나는 현금을 많이 보유한 부채비율이 낮은 기업들의 주식이다. 이번 코로나 팬데믹 상황에서 주가가 급락했을 때 가장 먼저 회복한 기업들도 당연히 현금보유량이 많고, 빚이 없거나 적은 회사들이었다. 위기가 오면 진정한 강자가 빛을 발하는 것이다.

내가 처음 미국에서 집을 장만할 때 그 유명한 서브프라임 모기지를 받아 집을 샀다. 모기지란 신용도가 일정기준 이하인 저소득층을 상대로 한, 미국의 비우량非優良 주택 담보대출이다. 인터넷에서 '서브프라임 모기지'를 검색해보면 "2007년에 미국의 초대형 모기지론 대부업체가 파산하면서 국제 금융시장의 신용이 경색되어 연쇄적 경제위기가 발생했다."라고 나온다.

당시 나의 수입이 그리 높지 않았는데도 돈 한 푼 내지 않고 집을 살 수 있었다. 게다가 집을 살 때 건축회사에서는 이사비용까지 얹어줬다. 그 당시에는 몰랐지만 사실 그만한 돈을 대출받을 신용이 되지 않던 나까지 허용된 거였으니, 이미 한도가 포화상태였던 것이다. 더 이상 돈을 빌려 줄 데가 없어졌으니 당연히 그 대출시스템은 무너졌고, 빚을 많이 내서 집을 산 사람들이 한꺼번에 무너졌다. 빚을 갚지 못해 일명 '좋은 부채'를 빌려 구매한 집은 경매에 던져지며 하나둘씩 파산하기 시작했다. 결과는 물론 아주 처참했다. 나는 100% 융자로 집을 샀어도 돈을 버는 대로 그 빚을 갚아버렸다. 그래서 현재 그 집은 부채 없이 나에게 매달 2천 달러 넘는 월세를 안겨주고 있다.

빚은 아주 급진적으로 갚아나가야 한다. 점진적으로 갚겠다는 생각은 하지 마라. 죽도록, 고생스럽게, 그리고 최대한 빠르게, 당신의 생활패턴에 혁명이 일어날 정도로 기를 써서 빚을 갚아야 한다. 지금의 고통이 처참할수록 십 년 후 당신의 인생이 편안해질 것이기 때문이다.

누군가 나에게 "앞으로 십 년 더 살지 못 살지도 모르는데, 뭘 그리 아등바등 사느냐? 현재에 여유롭게 만족하며 사는 게 중요한 것 아니냐?"라고 물었다. 나는 "만약 재수가 없어 앞으로 70년을 더 살면 어떻게 할 거냐?"라고 아주 현실적으로 대답했다. 실제로 인간의 평균수명이 백 살이 될 날도 머지않아 보인다.

빚을 갚을 때는 갚는 금액, 남은 금액은 물론 어떻게 돈을 절약했는지를 반드시 적어 실행해야 한다. 우리의 머리는 일어나는 모든 일을 기억할 만큼 좋지 않다. 그렇기 때문에 기술의 힘을 빌리는 것도 아주 좋은 방법이다. 최근에는 아주 좋은 돈 관리 앱이 많이 나와 있다. 앱의 도움을 받더라도 다시 한번 적는 것을 권유한다. 적는 힘은 당신의 실행능력을 어마어마하게 상승시켜준다.

일단, 빚의 액수를 적고 계획에 따라 갚을 예산을 정한 뒤 적은 금액부터 갚아나가는 것이다. 대출이 여러 건일 때는 이자율이 높은 건부터 갚아나가는 것이 더 효율적으로 보이나, 적은 금액부터 갚아나가야 성취감을 느끼며 멈추지 않게 된다.

만약 차가 있다면 차를 팔아서 먼저 빚을 갚아라. 생각만 바꾸면 차 없이도 전혀 불편함 없이 살 수 있다. 절대적 불편함이 없다는 뜻이다. 있다 없을 때 발생하는 상대적 불편함 정도는 감수하라. 만약 결혼해서 아이가 있다면 사교육이나 조기교육으로 쓸 돈으로 먼저 빚을 갚아라. 빚을 물려주는 것보다 교육을 미루는 게 훨씬 낫다. 앞으로 세상은 학교공부를 잘하고 못 하는 것으로 결정되는 세상이 아니다.

테슬라모터스와 스페이스엑스의 CEO인 일론 머스크는 2017년 "미래사회는 AI의 상용화로 20%의 인간만이 의미 있는 직업을 갖게 될 것이다."라고 밝힌 바 있다. 인간만이 할 수 있는 본질적인 의미의 일자리 탐구가 이루어질 것이고, 교육 역시 누구나 어디서든 어떤 시간이든 배울 수 있고, 탐구할 수 있고, 토론하고 체험할 수 있는 형식으로 변화할 가능성이 있다. 코로나가 그 시기를 조금 앞당겼다.

먼 미래까지 가지 않더라도 이미 많은 사람이 대학전공과는 전혀 다른 업종에 종사한다. 당신은 학교 다닐 때 공부를 잘했는가? 아니면 학교공부를 못 했는가? 그럼 왜 현재 상태는 그러한가? 학창시절의 성적순위와 진로의 방향, 소득순위는 절대적으로 일치하지는 않는다. 성적과 돈은 아주 단순한 틀에서 크게 관련이 없다. 글을 읽고 쓸 줄 알고 더하기 빼기 정도만 계산할 수 있다면 어떤 노력을 하느냐에 따라서 결과가 달라질 뿐이다. 돈을 벌 수 있는 기본능력은 이미 갖춘 것이다.

빚을 다 갚을 때까지는 외식이나 여행은 꿈도 꾸지 마라. 빚을 유지하거나 늘리면서 투자를 통해 돈을 벌겠다는 목표는 과녁을 보지 않고 활을 쏘겠다는 말과 마찬가지다. 그런 상태로 날아가는 새를 화살로 잡으려 한다면 결과는 더한 참패로 나타날 것이다.

빚을 갚을 동안은 아주 끔찍한 삶을 살아야 한다. 마음이 약해질 때면 이십 년 후 자신의 모습을 생각하라. 더 끔찍할 확률이 아주 높다. 더 큰 공포로 작은 공포를 이겨내라. 지금 하는 일만으론 빚을 갚기 도저히 힘들 수도 있다.

그러면 일을 하나 더 찾아서 남들의 두 배로 일해야 한다. 늦어도 2~3년 내로 현재의 빚을 모두 없애야 한다. 시간이 너무 지체되면 지쳐서 포기하게 마련이다. 주말이라는 단어는 없애고 지옥 같은 2~3년을 각오하라. 친구를 만나 한잔하고 영화를 보러가는 일 등은 꿈이라고 생각하라. 아시다시피 보통 꿈은 꿈으로 끝날 뿐 이루어지지 않는다. '욜로'니 '소확행'이니 하는 말에 현혹되지 마라 가진 자들이 당신 같은 사람들을 더욱더 많이, 그리고 쉽게 사용하기 위해 만든 말이거나 루저들의 단어라고 생각해라. 승자독식이다. 슬프지만 현실이다.

빚을 갚고 저축금액이 올라갔을 때(터틀 스텝 제5단계)가 되면 그때 아주 조그만 꿈을 꾸자. 그리고 그 다음 단계에선 꿈에 더 다가가기 위한 투자를 시작해야 한다. 안정적 수익을 올려주는 주식시장의

ETF 상품이나, 수익률이 좋은 운영사의 뮤추얼펀드에 매달 자동이체로 적립되는 자동화된 투자를 하자.

빚 있는 것이 정상적인 것이라고 사람들이 말하면 비정상적인 사람이 되어라.

-데이브 램지

돈은 의지력이 아닌 습관으로 번다

피파 랠리Pippa Lally의 연구에 따르면 어떤 행동이냐에 따라 습관이 형성되는 시기도 다르다고 한다. 예를 들어 운동이 습관으로 굳어지기까지는 91일 이상 걸리지만, 어떤 행동은 패턴을 바꾸는 데 평균 66일이 걸린다고 한다. 다시 말해 어떤 행동이든 최소 두 달은 같은 행동을 반복해야 습관화된다는 것이다. 물론 개인이나 행동의 특성에 따른 차이는 있을 수 있다. 여하튼 행동이 습관화되면 우리가 일부러 의도하지 않아도 우리의 비의식적인 뇌 시스템이 작동해 그 행동을 계속하게 만든다.

직장에서 지친 몸을 이끌고 집에 들어온 날이나, 직장에서 아주 즐거운 하루를 보내고 온 날이나 집에 들어와 처음 하는 행동은 텔레비전을 켜는 일일 수 있다. 직장에서 어떤 일이 일어났느냐와 상관없이 뇌는 의식하지 않고 습관적 행동을 시행한다.

처음으로 차 운전석에 앉았을 때를 기억하는가? 아마 운전을 가르쳐준 사람의 지시 순서를 기억하며 하나씩 임무를 시행했을 것이다. 의자를 당겨 발이 브레이크와 가속 페달에 잘 닿는지 확인하고, 안전벨트를 매고, 사이드미러를 맞추고, 브레이크를 밟은 채 시동을 건다. 가속페달을 밟으며 천천히 주변을 둘러보며 앞으로 나아간다. 양어깨는 긴장해 올라가 있고, 눈은 정면만 쳐다볼 뿐 주변을 둘러볼 엄두도 못 내고 아주 천천히 운전한다.

그렇게 1년이 지나면 어떻게 되겠는가? 시동을 걸고 차를 출발시키기 전까지 어떤 행동을 어떻게 진행했는지 하나도 기억하지 못한다. 그냥 습관적으로 이전에 했던 행위들을 하고 시동을 걸고 주변을 훅 둘러본 후 빠르게 차를 몰고 나간다. 운전하면서 한손으로는 텀블러에 든 커피를 즐기며 좋아하는 음악을 흥얼거리며 달리는 수준이 되어 있다.

이런 행동의 순서적이고 동시적인 실행은 의식적인 조절로는 가능하지 않다. 처음 운전을 시작할 때처럼 순서를 의식하며 외워서 실행하는 행동을 우리 뇌에서는 '피드백feedback' 형태의 운동조절이라 부른다. 반면 1년 후 시동을 걸고 운전을 하고 주차하는 연속적인 행동의 비의식적 실행을 '피드 포워드feed forward'라 부른다.

피드백이란 자극이 뇌로 전달되면 그 자극을 분석, 조절해서 거기에 맞는 운동 또는 행동을 실행하게 한다. 처음 브레이크 잡고 시동을 걸고 천천히 가속페달을 밟으며 앞으로 나아갈 때는 그 속도나 정확도를 뇌가 조절하며 알려준다. 너무 빠르다, 너무 느리다, 위험하다, 괜찮다 등등. 하지만 이 피드백의 운동조절이 수없이 일어나면

'피드 포워드' 형태의 운동조절로 바뀌게 된다. 뇌는 당신이 의식하지 않아도 행동의 순서와 조절을 자동화해 차를 시동 걸고 운전하는 과정을 처리한다. 즉 습관의 자동화가 일어난다.

'터틀 스텝 10단계(궁금하다면 제4장에 있는 단계 요약도를 먼저 보아도 좋다)'를 기준으로 피드백의 형태로 노력해야 하는 단계는 제4단계까지다. 이때까지는 의식화하여 실행하는 피드백 형태가 수반되는 게 맞다. 돈을 벌어야 하는 이유와 동기를 유발해야 하며, 장래 나의 삶에 대한 공포를 느껴야 하기 때문이다.

의식화된 당신의 머리는 목표를 설정하게 되고 그 목표를 이뤄나가는 보상의 기쁨을 느낀다. 빚이 하나씩 없어지면서 통장에 돈이 모이기 시작하는 보상을 느끼며 실행한다. 아직까지는 의식이 행동을 지배하는 단계이다. 빚을 갚고 종잣돈을 모으기까지 반복 또 반복해서 의식적으로 당신의 행동을 조절하라.

돈 버는 길에 마법은 없다. 혹시 마법이 있다고 이야기하는 사람이 있다면 경계하라. 오즈의 마법사처럼 평범한 인간이 위대한 마법사인양 행동하고 있을 가능성이 크다.

터틀 스텝 제6단계부터는 피드 포워드 시스템, 즉 습관을 자동화시켜 투자를 시행할 것이다. 이제부터는 비의식 단계로 당신이 현재 투자하는 중인지 아닌지도 느끼지 못한다. 돈은 계속해서 불어나고 제9~10단계에 이르러 진정한 자유를 만끽하게 된다.

사실 제6단계까지 이르면 그 이후 단계는 굳이 코칭하지 않아도 자동적으로 흘러가게 마련이다. 이미 뇌에서 돈 버는 과정을 '피드백

시스템'에서 '피드 포워드 시스템'으로 전환해갔기 때문에 습관처럼 아주 쉬워진다.

하지만 희망은 이르다. 여기엔 아주 심각한 위험이 하나 숨어 있다. 만약 '터틀 스텝 10단계'를 시작한 뒤 제1단계에서 제4단계까지 넘지 못하고 그 사이에서 포기한다면 다시는 돈을 벌 수 있는 경주에 오르기 힘이 든다. 하지만 행동을 반복해서 실행하면 처음엔 힘들어도 이후 쉬워져서 계속하게 된다. 습관이 자동화되기 이전에 포기하면 우리의 뇌는 이후에는 같은 행동을 '해서는 안 될 이유'만 찾기 때문이다. 하지 말아야 할 이유를 정당화하고 변명만 하게 되어 그 일을 다시 실행하기란 처음보다 10배는 더 어려워진다. 우리가 매번 다이어트에 실패하는 이치와 마찬가지다.

동기가 당신을 시작하게 해주고, 습관이 당신을 지속하게 한다.
-짐 론

투자와 투기의 차이

우리 몸에는 자율신경계라는 신경체계가 있다. 자율신경계는 우리 몸의 기능을 자율적으로 조절하는 작용을 하는 신경계로 교감신경과 부교감신경으로 구성된다. 교감신경과 부교감신경은 각종 내장기관과 혈관에 분포되어 소화·순환·호흡운동·호르몬분비 등 생명유지에 필수적인 기능을 조절한다. 그래서 하나의 내장기관에는 교감신경과 부교감신경 한 쌍이 분포되어 있다.

교감신경과 부교감신경은 각각 신경전달물질인 노르에피네프린(아드레날린이라고도 불림)과 아세틸콜린을 분비하여 같은 내장기관에 함께 작용을 한다. 한쪽이 작용을 촉진하면 다른 한쪽은 작용을 억제하여 조절한다. 이때 교감신경의 작용이 활성화되면 표 [2-1]처럼 우리 몸은 긴장·흥분·놀람 등의 갑작스러운 환경변화에 대응하도록 심장박동·혈압·호흡속도 등의 증가를 일으킨다. 부교감신경의 작용이

작용	교감신경	부교감신경
심장 박동	촉진	억제
혈관	수축	확장
혈압	상승	하강
소화관 운동	억제	촉진
동공	확대	축소

표 [2-1]

활성화되면 신체를 이완시키고 소화기관의 반응을 빠르게 하며 몸이 안정감을 느낀다. 긴장상태에 있던 몸이 평상시 상태로 되돌아가는 것이다.

예를 들어 산속을 걷다가 호랑이를 만났다고 가정해보자. 이때는 우리 몸에서 교감신경계가 촉진된다. 겁에 질리고 심장이 빨리 뛴다. 당연히 혈압도 오를 것이고 호랑이의 일거수일투족을 관찰하게 된다. 그리고 위기에서 탈출하기 위해 눈을 부릅뜨고 동공이 확대된 채 호랑이를 지켜보게 될 것이다.

다행히도 배부른 호랑이가 그냥 지나치면 안심한 나머지 다리에 힘이 풀려 주저앉는다. 집에 어떻게 돌아왔는지 기억도 안 나지만 익숙한 당신의 침대에 눕자마자 비로소 안심이 된다.

이때에는 부교감신경계가 우위를 가진다. 그래서 터질 것 같던 심장박동이 줄어들고 혈압도 정상을 찾는다. 비로소 배고픔을 느끼며 신체적 안정이 찾아와 일상으로 돌아갈 수 있다.

이 교감신경과 부교감신경의 특성을 투자와 투기로 바꾸면 표

작용	투기(≒교감신경)	투자(≒부교감신경)
심장 박동	촉진(항상 불안하다)	억제(불안하지 않다)
혈관	수축(피가 마른다)	확장(여유 있다)
혈압	상승(뒷목을 잡는 스트레스)	하강(일상생활)
소화관 운동	억제(밥맛이 없다)	촉진(너무 잘 먹어 탈이다)
동공	확대(주식 차트에서 눈을 떼지 못한다)	축소(분기별로 한 번 차트를 본다)

표 [2-2]

[2-2]와 같이 설명할 수 있다.

D는 투자에 관한 책을 열심히 읽었다. 자신감이 생겨 직접 실행해 보기로 결심한다. 여기까지는 나무랄 데가 없다. 그런데 읽은 책의 대부분이 레버리지를 이용해 투자해야 돈을 번다고 한다. 그래서 돈을 빌려 책에서 추천해준 주식을 샀다.

'하이 리스크, 하이 리턴'이라는 구절을 외워서 한 방에 대박을 낼 주식에 몰빵했다. 그 순간부터 D의 교감신경이 활성화된다. 잠을 자기 힘들고, 심장이 쿵쾅거리고, 주가가 오르내릴 때마다 혈압도 같이 오르내린다. 이러다 제 명에 못살겠다 싶은데 이미 며칠 사이 주가는 30%나 떨어졌고, 사는 게 사는 것 같지 않게 되었다.

나는 이렇게 교감신경계가 촉진되는 형태의 투자를 '투기'라고 부른다. 정신이 쇠하는 것 같고 스트레스가 심해지며 밥 먹을 때 식사에 집중하기보다 주가차트를 더 자주 보면 '투기'인 것이다. 반면에 투자는 일상생활의 일부와도 같다. 따라서 하더라도 당신의 생활에 큰 변화를 느끼지 못한다.

'터틀 스텝 10단계'만 잘 따라온다면 아마 빚을 다 갚았을 것이다. 그러면 1만 달러를 모으는 데 성공한 터틀 스텝 제5단계부터 투자를 시작할 수 있다. 일단 5천 달러로 투자를 시작하는데 내가 권유하는 것은 주식 중에서도 ETF다. 그것도 처음 5천 달러를 투자한 후에는 터틀 스텝 제7단계의 원칙에 따라 수입의 40%를 적립식으로 무조건 매달 투자한다.

뒤에서 자세히 설명하며 권유할 미국의 ETF들은 오랜 기간 연수익률이 10% 발생한 것들이다. 당신의 투자는 자동화된다. 그래서 투자하는지도 모르는 사이에 매년 10%씩 돈이 불어난다. 그것도 복리의 효과를 누리면서 말이다. 이럴 때가 바로 부교감신경계가 우위에 선 상태이다. 생활은 일상적이고 평안하게 변한다. 바로 이런 것을 '투자'라고 부른다.

썰물이 되면 누가 발가벗고 수영하고 있었는지 알게 된다.

-워렌 버핏

가난하게 태어난 것은 당신의 실수가 아니다.
그러나 죽을 때도 가난한 것은 당신의 실수다.

빌게이츠

제3장

돈에는 미신이 없다

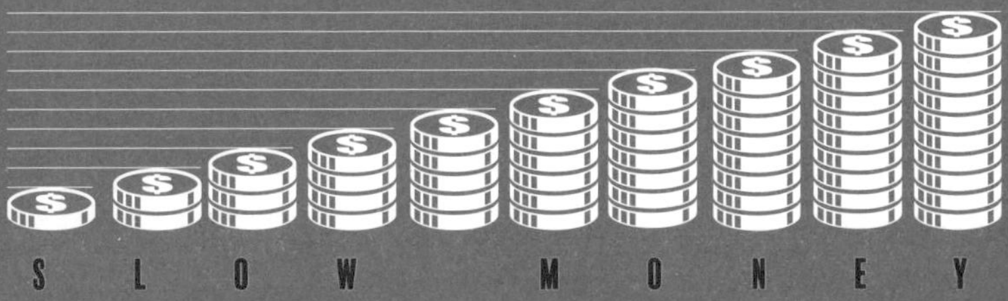

S L O W

M O N E Y

돈 버는 일과 관련해서 세간에 잘못 알려진 이야기가 있다. 이 장에서는 그 이야기들을 하나씩 소개하고 바로잡는 작업을 할 것이다. '터틀 스텝 10단계'를 함께 밟을지 말지 아직 아리송한 사람이라면, 돈 버는 일에 관한 일반적으로 잘못 알려진 환상을 깨끗이 털어버려라. 여기서 소개하는 돈에 관한 이야기는 맞는 것도 있고 틀린 것도 있을 수 있다. 또한 각각의 제목은 반어법을 사용했으니 이를 유의하자.

긍정의 힘으로
부자가 될 수 있다

사회적으로 성공했다고 인정받는 대부분의 사람은 단지 운이 좋았을 뿐이고, 어쩌면 딱 한 가지 지점에서 우리와 달랐다고 말한다. 하지만 그들은 성공한 자신의 상황과 주변 사람의 환호와 부러움에 도취되어 어느 순간 본인의 전기傳記를 써내려간다. 전기에는 역경이 있어야 하고, 그 역경을 멋있게 뛰어넘은 주인공이 존재해야 한다. 그런 자신을 표현하기 가장 좋은 방법이 시작점, 마인드부터 남들과 달랐다고 이야기하는 것이다. 강아지 풀 뜯어 먹는 소리다.

미국이든 한국이든 이런 사람들이 강조하는 것 중의 하나가 '긍정 마인드'를 가지라는 것이다. 난 그 말에 동의하기 어렵다. 상황이 안 좋은데 어떻게 상황을 긍정할 수 있겠는가? 물론 그런 사람도 있을 것이다. 하지만 반드시 그래야만 하는, 좋지 않은 상황자체를 긍정하는 것이야말로 '부정'이 아닌지 되묻고 싶다.

현재 처한 상황에 대해 투덜거리고 욕하면 어떤가? 사회가 잘못돼서 내가 이 모양 이 꼴로 산다고. 운 좋고 배경이 좋아서 나보다 돈을 많이 벌고, 빨리 승진한 사람이 많은 건 아닌지, 그래서 내 인생이 꼬이고 뒤처졌다고 할 수는 없지만 그들을 질투하고 욕하고 짜증내도 괜찮지 않은가? 부모를 잘못 만나 죽도록 일해도 남는 게 없다고, 처음 시작이 이렇게 남들보다 늦었으니 현재 이 꼴인 것이라고 부모 탓 좀 하면 어떤가? 집에 생기는 문제는 잘 고쳐 주지도 않으면서, 때가 되면 집값은 꼬박꼬박 올린다고 솔직하게 집 주인을 욕하고 짜증 좀 내면 어떤가?

나에겐 오히려 긍정의 힘만을 강조하는 현상이 우울증 환자에게 마약을 파는 것처럼 위험천만해보인다. 세상이란 소용돌이에 첫발을 내민 과거의 나에게 정말 필요했던 현실적인 조언을 하고 싶다. 상황이 너무 힘들어 우울해하는 친구에게 무조건 잘될 테니 걱정하지 말라는 게 무슨 위로인가? 아마 그 친구는 여전히 똑같은 하소연을 하거나 무기력에서 헤어나지 못하고 있을지 모른다. 잘 안 되는 상황이어서 앞길이 캄캄한데 어떻게 잘 될 거라고만 이야기하는가? 그런 말은 그를 더 우울하게 만들 것이다. 보다 현실적인 조언이 필요하다. 위로가 아닌 '방법' 말이다.

난 어려서부터 소문난 투덜이였다. 중학교 때는 '투덜이 스머프'라 불리기도 했다. 만화 '개구쟁이 스머프'의 인물 중 어떤 상황이든 투덜거리기만 하는 그 투덜이 스머프 같다고 해서 붙은 별명이다. 난 항상 남 탓을 잘했다. 그 버릇은 꽤 오래갔다. 사실 모든 습관이 그렇듯 스스로 그렇게 많이 투덜거리는지조차 잘 몰랐다. 대학교 때 친구들과 당구를 치다가 알게 되었다.

군대를 갔다 와 학교에 복학해 다닐 때였다. 말이 학생이지 일상은 이도 저도 아닌 존재감 없고 목표도 없는 동네 건달과 다를 바 없었다. 게다가 학생 주제에 돈내기 당구를 즐겨 쳤다. 한 번 칠 때마다 돈을 따거나 잃는 룰의 게임이었다.

그런데 그날따라 유난히 공이 잘 맞지 않았고 돈을 꽤 잃었다. 그래서 투덜대기 시작했다. 내 앞 순서 녀석이 항상 공을 이상하게 만들어준다고 투덜댔다. 사실 나에게 공을 일부러 나쁘게 포지셔닝해 줄 정도의 실력을 가진 친구도 아니었다.

한참 투덜대며 짜증내고 있을 때, 같이 당구를 치던 다른 친구 하나가 "넌 항상 남 탓을 해. 그래서 돈을 잃는 거야. 그냥 잘 칠 생각으로 집중해봐."라고 했던 말이 지금까지도 잊히지 않는다.

별 뜻 없이 던진 말이겠지만 그날 이후 내 생각이 바뀐 것만은 인정해야겠다. 내가 어느 정도 습관적으로 투덜대는지는 알았지만, 그게 남을 탓하는 거라고는 인지하지 못하고 있었다. 그런데 "넌 항상 남 탓을 해. 그래서 돈을 잃는 거야."라는 말로, 내가 습관처럼 남을 탓한다는 걸 깨닫게 되었다. 그보다 더 큰 충격은 "그냥 잘 칠 생각으로 집중해봐."라는 그 단순한 말이 커다란 망치로 내 뒤통수를 내리치는 듯했다.

투덜거리며 남을 탓하기보다 지금 당장 포지셔닝되어 있는 당구공을 어떻게든 잘 쳐서 돈을 딸 것인가에 집중하는 게 실제로도 맞는 말이었다.

성공한 사람들은 운이 좋았고, 우리에겐 없는 한 가지가 더 있을지 모른다고 말한 바 있다. 그 한 가지가 바로 '있는 그대로의 현실을 받아들이고 인정하는 것'이다. 불평하고 투덜거리더라도 현실을 정확히 인식한 다음, 불평이고 투덜거림이 있는 것이다.

지금 나의 현실은 쥐꼬리만한 월급을 받고, 매달 생활비 맞추기도 빠듯하고, 내 집이 없어 세 들어 사는 서러움에 차 있다. 그런데 무조건 내년이면 더 좋아질 거라며 긍정 마인드를 가지라는 것은 해줄 말은 아니다. 현실을 인식하지 않는 긍정은 우울을 부른다. '인생사人生事 새옹지마塞翁之馬'라며 긍정적인 생각을 가지고 힘내라는 것은 일종의 성공한 사람들이 꾸며낸 신화일 뿐이다.

중요한 것은 '있는 그대로의 현실을 받아들이는 것'이다. 그래야 어디서 어떻게 시작해야 할지 알 수 있다. 남보다 똑똑하지 못하고, 금수저 집안에서 태어나지 못했고, 그것이 내가 현재 힘든 이유이고, 그래서 현재 상황이 꽤 암울함을 그대로 인정하고 직시하라. 아무 행동도 취하지 않으면서 "내년엔 더 좋아지겠지."라는 말도 안 되는 긍정의 말들을 믿지 마라. 결코 인내와 노력을 쏟아 붓는 승부 없이는 그 무엇도 좋아지지 않는다. 더 우울해지고 나빠질 뿐이다.

만약 있는 그대로의 현실을 인정하고 받아들인다면 뭘 어떻게 해야 할지를 깨닫게 된다. 그런 뒤 계획을 세울 수 있다. 대학시절 당구장에서 친구가 툭 던진 한마디의 말이 나에게는 그 어떤 성인의 말보다 고마운 영향을 미쳤다. 동네건달 같은 삶을 살며 투덜대다 친구에게 그런 말을 들을 수밖에 없었던 것이 젊은 시절의 내 수준이었던 것이다. 그런 내가 경제적 독립과 풍요, 그리고 진정한 내 시간이라는 삶의 자유까지 얻었다면 이 책을 읽는 대부분의 사람도 성공할 가망이 크지 않겠는가? 하지만 누구나 '성공'할 수 있는 것 또한 아니다. 얼마나 독하게 마음먹고 달려드는지에 따라 다르다.

난 지금도 습관처럼 투덜거린다. 일상에서 투덜거릴 일은 참 많다. '차를 왜 저렇게 다른 사람이 주차하기 힘들게 댔지?', '산책 나오면서 왜 개 목줄을 안 하지?' 등등. 고개만 돌려보면 모든 상황이 투덜거릴 만한 이유가 된다. 아마 여러분도 크게 다르지 않을 것이다.

하지만 내 투덜거림이 예전과 달라진 것은 누군가 차를 이상하게 대놨으면 잠시 투덜거린 다음 재빠르게 내 차를 댈 주차공간을 찾는 일에 집중한다. 동네 산책로에 주인이 개에게 목줄을 채우지 않고 산책을 나왔다면 우리 아이들이 개를 무서워하니 다음에는 줄을 꼭 묶고 나와달라고 부탁한다. 물론 어떤 고약한 사람은 자기 개는 너무 착해서 괜찮다며 시큰둥한 반응을 내비친다. 그러면 난 평생 거짓말을 해본 적이 없다고 웃으며 답한다. 우리 아이들이 실제로 개를 무서워하기 때문이다. 상대는 쓴웃음을 지으며 제 갈 길을 간다.

어떤 더 고약한 사람은 우리 아이들 말고도 개를 무서워하는 사람이 있을 텐데 아주 큰 개를 묶지도 않고 그냥 다닌다. 내가 부탁해도 그 말을 무시하고 계속해서 그냥 당당히 다녔다. 하는 수 없어 나는 그 모습을 동영상으로 찍어 동네 경찰서 담당관에게 보냈다. 며칠이 지나자 바로 그 자리에 경찰관이 나와 거리를 감시를 했다. 그리고 산책로 중간에 큰 경고판이 세워진 것을 보았다.

"개를 묶고 다니세요. 그게 법이니까요."

돈은
좇는 것이 아니다

코로나 바이러스 팬데믹이 발생하면서 나 역시 주지사의 명령에 따라 한 달 이상 사업체의 문을 닫을 수밖에 없었다. 그동안 집에서 지내는 시간이 많아서 크게 힘들진 않았지만, 직원들의 급여 때문에 스트레스가 만만치 않았다. 정리해고를 고려해볼 수도 있지만 지금까지 함께 고생한 이에게 최소한 예의는 지키고 싶었다.

나는 스트레스가 쌓이고 생각이 많아질 때면 낚시를 하러 떠난다. 주로 '플라이 피싱'을 한다. 강가에 다다르면 웨이더를 입고 낚싯대를 든 채 물속으로 들어간다. 물에 들어가면 내가 하는 낚시방법은 정해져 있다.

가장 먼저 물고기가 어디 있는지 눈으로 확인한다(플라이 피싱을 하러 가는 곳은 물이 상당히 맑다). 그런데 물고기가 보이지 않을 경우

물고기가 있을 것 같은 물줄기를 먼저 찾는다. 낚시꾼들은 이것을 "강을 읽는다."라고 말한다. 그 다음에 주변에 어떤 종류의 파리들이 부화되는지 보고 거기에 맞는 모형파리를 낚싯바늘 끝에 달고 낚싯줄을 던진다. 강물을 따라 흐르던 낚싯줄이 당겨지면 물고기가 문 것이다. 그럼 빠르게 낚아채서 물고기를 잡는다.

돈 버는 원리도 이와 비슷하다. 돈을 벌기 위해 첫째로 할 일은 '강을 읽듯이' 어디에 돈이 있는지 파악해야 한다. 그리고 물고기에게 낚싯줄을 던지듯이 돈이 있는 곳에 내가 있어야 한다. 낚싯줄에 물고기가 걸리면 잽싸게 물고기를 건져 올릴 수 있어야 하듯 돈 벌 기회가 오면 쫓아가 재빠르게 내 것으로 만드는 것이다. 물고기가 나에게 그냥 와서 잡히지 않듯, 돈도 가만히 앉아 기다리면 저절로 나에게 다가오지 않는다. 물고기를 잡듯 찾아서 쫓아가 잽싸게 낚아채야 한다.

부를 추구하는 일 자체가 목적이 되어서는 안 된다고 말하는 사람이 있다. 하지만 나는 왜 안 되는지 되묻고 싶다. 부 자체가 목적이 되는 것에 무슨 문제가 있는지, 부를 가진 모든 사람은 도덕성이 결여된 것인지, 아니면 부를 가지면 도덕성이 절로 결여되는지, 목적이 그르면 오히려 도달하기 어렵다고 말하는데 부를 목적으로 삼는 것이 왜 그릇된 것인지 묻고 싶은 것이다.

다시 말하지만 그런 주장을 하는 사람들이 미디어에 나오는 것은 그런 이들이 별로 없기 때문이다. 나는 주변에 돈 자체를 목적으로 두고 사는 사람들을 많이 안다. 그들은 솔직히 그냥 돈을 많이 벌고 싶다고 이야기한다. 다른 특별한 이상이나 꿈은 있어 보이지 않고 그냥 돈을 모으는 것과 사업하는 자체를 즐긴다.

어쨌든 돈이 벌리지 않는다면 일할 이유가 없다. 부도덕하고 불법적인 일을 행하는 것도 아니고, 열심히 노력하며 산다면 그게 왜 문제인가? 이상적이고 윤리적이며 대단한 일을 하고 살아야 한다고 이야기하는 것 자체가 위선 아닌가?

그러니 돈을 벌고 싶다면 돈에 집착하라. 물론 이 세상에 도움이 될 이상적이고 멋진 목표를 세우고, 그 목표를 이루기 위한 수단으로 돈을 번다면 더 뜻있는 삶이 될 것이다. 그런 목적을 갖고 돈을 번다면 어떤 어려움이 닥쳐도 더 강하게 헤쳐 나갈 수 있다.

삶은 소설이나 동화가 아니다. 그냥 귀 닫고 당신의 속마음에 솔직해져라. 그것이 훨씬 편하다. 거창한 목표를 갖고 싶다면 일단 벌고 나서 생각해도 늦지 않다. 누구나 빌 게이츠가 되어야 하는 건 아니지 않은가? 착하면서도 나이스하게 살아야 한다는 틀 자체가 사회가 만들어낸 강박일지도 모른다. 스스로의 마음에 집중하고 자신의 말을 들어라.

그렇게 돈을 많이 벌고 나면 돈에 대한 집착은 덜어내는 것이 맞다. 그럼 "많이 벌었다."라는 것은 어느 정도를 말하는 것일까? 일하지 않고도 4~5% 정도의 수익을 올리는 상품에 투자해서, 매년 그 4~5%의 돈으로 여유롭게 생활비를 충당해 지속적인 삶을 이어갈 수 있는 것이라 정의하고 싶다. 그때 돈에 대한 집착을 버리는 것이다.

부자들이 하는 말에 속지 말자. 그들은 당신이 그 방법을 아는 걸 두려워한다. 그 이유는 경쟁자가 생기기 때문이다. 돈 버는 방법을 달콤한 말로 서슴없이 가르쳐주는 이들이 있다면 감사해하면서도 또 한편으로는 조심해야 한다. 그런 사람은 전문가 아니면 사기꾼일 수 있다. 부자들의 조언이 자신이 실행해갈 만한 방법인지, 고려해야 할 대상인지 잘 살펴보자.

자신이 흥미를 느끼고 좋아하는 일을 하면서 금전적 목표를 이뤄가는 것만큼 행복한 일은 없다. 하루하루가 미칠 정도로 일하고 싶고, 빨리 아침이 오기만을 기다릴 것이다. 최선을 다하면 부는 자연스럽게 따라온다고 많은 자기계발서는 말한다. 난 그런 글을 읽을 때마다 의심스럽기만 하다. 너무 이상적이지 않는가? 꿈꾸면 이루어지는 사회인가? 물론 그럴 수도 있겠지만 모두 이룰 수는 없는 게 현실이다.

자본주의란 항상 한 자리가 모자라서 음악이 멈추면 한 명씩 탈락하는 '의자뺏기놀이'라고 생각한다.

똑똑해야
부자가 된다

지능과 직업이 연관성을 갖고 있다는 사실은 연구를 통해 이미 밝혀졌지만, 그렇다고 해서 반드시 똑똑해야 돈을 더 번다고 생각하지 않는다. 만약 머리가 좋다면 돈 버는 일을 실행도 하기 전에 '아니야, 그건 이런저런 이유 때문에 안 돼!'라는 식의 생각을 계속 뱉어낼 것이기 때문이다.

머리가 좋을수록 안 될 이유를 찾을 가망성이 더 크다. 돈을 버는 데는 일상생활에 문제없을 정도이거나, 셈할 때 문제가 없을 정도의 지능이면 충분하다고 본다(내 지능이 그 정도이므로 이건 확실하다). 부자가 되기 위해서는 지능보다 더 중요한 것이 내가 제시한 '터틀 스텝 10단계'를 실행하겠다는 '마음가짐'이다. 실행하려면 당장 시작하고 상황에 맞게 대처해가는 게 최고다.

안 될 이유들로 실행력이 떨어지고 결국 실행하지 않으면 아무 의

미가 없다. 실행하지 않는 아이디어는 아이디어가 아니다. 그냥 끊임없는 계획만 하고 스트레스만 받을 뿐이고 '난 안 돼!'라는 자책만 돌아온다.

난 만성요통으로 상당히 오랜 기간 시달리며 살았다. 유명하다는 의사와 치료사, 카이로프랙터chiropractor를 수없이 만나봤지만 좋아지지 않아 MRI를 찍었다. 정형외과 의사는 디스크 두 개가 돌출이 심하다며 수술을 권했다. 집에 돌아와 인터넷으로 검색해보니 수술 부작용이 아주 무서운 말들로 표현되어 있어서 수술을 망설였다. 그때 지인이 자신의 동네에 물리치료를 아주 잘하는 닥터가 있다며 만나보라고 했다. 예약잡기가 힘들어 3주나 기다려서 만난 닥터 K는 내 MRI를 보고 묻기 시작했다.

"요즘 들어 예전보다 덜 움직이지요?"

"네, 아무래도 허리가 아프다 보니 덜 움직이게 됩니다. 겁이 나서요."

"더 움직이셔야 합니다."

"책을 보니 디스크 문제는 뒤로 젖히는 운동을 해야 낫는다고 해서 해봤습니다. 그런데 더 안 좋아져서 그때부터 더 움직이지 않고 있습니다."

"하하, 20년 전 이론을 공부하신 분이 쓰신 책인가 보네요! 우리 몸은 움직이지 않으면 뭔가 문제가 있다고 생각하지요. 그래서 신경계가 더 민감해져서 통증을 더 쉽게 느낍니다."

"그래도 움직이면 더 아픈데요?"

"제가 알려주는 대로 움직여보세요."

닥터 K는 뒤로 젖히던 운동이 아닌 앞으로 굽히고 골반을 옆으로 빼는 동작 등을 가르쳐 주며 지금 따라 해보라고 했다. 그러면서 이렇게 말했다.

"움직이기 쉬운 방향으로 더 움직이세요. 그리고 당분간은 하루에 30분씩 걸으세요."

닥터 K의 말에 따라 집에서 운동(사실 간단한 동작들이었다)을 하면서부터 신기하게도 통증이 줄어드는 걸 느꼈다. 그렇게 4주 정도 치료받자 통증은 더 줄어들었고 자연스럽게 수술은 하지 않아도 됐다. 내 현재 상태가 궁금해서 닥터 K에게 MRI를 다시 찍어볼 수 있는지 물었다. MRI 결과는 매우 놀라웠다. 예전에 비해 디스크 돌출이 좋아진 게 아니라 그대로였다. 내가 느끼는 통증의 강도는 훨씬 좋아졌는데 MRI에 전혀 변화가 없어서 너무 이상했다. 내가 어떻게 된 일이냐고 묻자 닥터 K가 말했다.

"사람 몸의 전체적인 형태에서 조그만 디스크 하나가 돌출되어 있는 것은 사실 그다지 큰일이 아닙니다. 문제는 우리 뇌가 그 사실을 너무 심각하게 인식해버렸다는 겁니다. 그러니 심각하지 않은 일이라고 뇌에게 다시 알려주어야 합니다. 그 방법이 몸을 자꾸 움직이는 것입니다. 그런데 각 개인의 병리와 몸의 상태에 따라 우리 몸이 만드는 동작 중에서 우선적으로 해야 하는 것들이 있습니다. 그 우선 동작들이 시행되지 않으면, 치료에 도움이 된다고 알려진 일반적인 운동 역시 아무런 효과를 발휘하지 못합니다. 이제부터는 뒤로 젖히는 운동을 집에서 꾸준히 하고, 원래 하고 싶다던 복싱을 하면 됩니다."

복싱이라니? 다른 닥터들은 죽었다 깨어나도 내가 할 수 없는 운동이 복싱이라고 했었다. 지금도 가끔씩 허리 통증을 느끼지만 생활하는 데는 큰 문제가 없다. 두세 달에 한 번씩 닥터 K를 만나 상태만 점검받고 있다.

'터틀 스텝 10단계' 역시 가장 중요한 것은 높은 지능이 아니라 바로 '실행력'이다. 내가 통증이 좋아지지 않았던 것은 몸을 움직이기 전에 선행되어야 하는 동작을 먼저 하지 않았기 때문이다.

똑똑한 사람은 지능이 높은 사람이 아니다. 닥터 K가 내게 알려주었듯 우선순위를 아는 사람이다. 무엇이 더 중요한지를 느끼고 실행하는 사람이다. 나에게 1순위는 당연히 나와 가족이다. 그 1순위를 지키기 위해 난 돈을 벌어야 했다. 경제적 자유와 삶의 자유를 찾으면 나는 우선순위에 더욱 집중할 수 있다. 대부분의 결정권이 나에게 주어지기 때문이다.

우리 회사의 특성상 직원 중에는 석사 이상의 학력을 가진 명문대 출신들이 대부분이다. 그런데 내가 똑똑하다고 느끼는 사람은 정작 고학력자가 아닌 경우도 많았다. 좋은 학교를 나오는 게 똑똑하고 현명한 것과 100% 일치하지 않았던 것이다. 물론 그들이 프로페셔널하게 일처리를 잘하는 것은 인정한다. 하지만 내가 생각하는 '똑똑함'과 '현명함'의 기준인 '우선순위 결정에 뛰어난 사람'을 찾기는 쉽지 않았다.

'터틀 스텝 10단계'는 차근차근 걸어감에 있어서 우선순위를 지키는 일이 아주 중요하다. 제1단계부터 차근차근 걸어 나가야 하고, 반드시 각 단계를 거쳐 나가며 실행해야 한다. 이 두 가지를 명심하고 지키며 '터틀 스텝 10단계'를 마치면, '돈 버는 법'에 있어서는 누구보다 똑똑하고 현명한 지략가가 되어 있을 것이다.

진정한 노력은
배신하지 않는다

야마구치 슈의《철학은 어떻게 삶의 무기가 되는가?》라는 책을 보면 예고된 대가가 오히려 일의 동기부여를 감퇴시킨다고 주장한다. 인간의 동기는 노력하면 대가를 받는다는 믿음이나 실질적 약속과 같은 단순한 인과관계로 설명되지 않는다는 것이다. 야마구치 슈가 주장한 책의 내용을 살펴보자.

에디워드 데시 교수, 리처드 쾨스트너 교수, 리처드 라이어 교수는 '대가가 학습에 미치는 영향'에 대한 128건의 연구에 메타분석을 실시했다. 이 실험의 결과로 그들은 과정의 어느 단계에서든 대가를 예고하면 이미 재미를 느껴 몰입해 있는 활동에 대한 자발적 동기가 저하된다는 결론을 얻었다.

에드워드 데시 교수의 연구에서는 대가를 약속하면 피험자의 성과가 저하되고, 예상 가능한 정신측면에서의 손실을 최소한으로 억제하고, 또는 성과급이 기대되는 행동만 하게 만든다는 사실이 드러났다. 대가를 약속받으면 높은 성과물을 내려고 최대한 노력하는 것이 아니라 가장 적은 노력으로 가장 많은 대가를 얻기 위해서 무엇이든 하게 된다는 것이다.

노력하면 반드시 보상이 돌아온다는 동기부여가 항상 최상의 결과를 빚어내는 데 도움을 주는 것은 아니다. 반대로 인과응보적인 생각을 하면 '잔머리'만 굴리게 되어 실제 일을 실행할 때 창조성이 떨어지게 된다. 현대 경영제도 중 하나인 성과급 제도 역시 실제로는 작동을 안 하는 유명무실한 제도라는 것이다.

죽도록 노력한다고 해서 아무나 손흥민 같은 축구선수나 정찬성 같은 격투기선수가 될 수 없다. 재능은 어느 정도 타고 나는 것이고 모두가 동일한 노력을 해도 결과는 다르게 빚어지게 마련이다.

재능과 노력이 합쳐져야 비로소 빛을 발한다. 노력한다고 누구나 최상의 재능이 생기는 것은 아니다. 재능은 타고나야 하는 것으로 못나고 노력을 덜해서 잘 안 되는 게 아니다. 노력해야 성공하고 돈을 번다는 이론은 이미 이룬 자, 이미 소유한 자가 만들어낸 사탕발림 같은 말이다. 충분히 노력했는데도 돈을 못 벌거나 꿈을 이루지 못했다면, 무언가 잘못된 거라고 적개심을 갖기 때문이다. '노력해서' 성공한 그들에게 내가 노력을 하지 않았기 때문이라는 핑곗거리를 만들어놓은 것이다.

부자 되는 '터틀 스텝' 과정에는 노력을 해야 하는 시기가 있고, 자동적으로 투자가 습관화된 '터틀 스텝'이 진행되어야 하는 시기가 있다. 노력하지 말라는 이야기가 아니라 노력만이 모든 것을 가능하게 한다는 말은 미신이라는 이야기다. 노력해야 하는 단계가 있다면 자동화해야 하는 단계도 있어야 한다. 노력하면 당연히 결과가 빚어질 거라는 '정해진 보상'은 어쩌면 그리 끌리지 않는 선택지일지 모른다.

적절한 현실적인 감정이 "돈을 벌어야 한다."라는 목적에 추동推動될 수 있다. 주변을 잠깐만 둘러보아도 알 수 있듯이 운이 함께해야 부를 이룰 수 있다. 그런데 노력 하나만으로 결과를 단언하는 것은 미신이다. 나는 능력이 부족해서 돈을 벌지 못하는 게 아니라고 말하고 싶다. 당신이 아직 오즈의 마법사가 사는 에메랄드 성을 찾아가는 황금 길을 찾지 못했거나 아무도 알려주지 않았기 때문이라고 말하는 것이다.

노력하는 자가 없다면 즐기는 자도 없다

모든 게 정해져 있으니 노력을 하지 말라고 생각할까 봐 노파심에 다시 한번 이야기를 더하려고 한다.

'터틀 스텝 10단계'에서도 필사의 '노력'이 필요한 구간이 존재한다. 앞서 나는 남들보다 두 배 더 일하라고 말했다. 특히 제4단계에 진입할 때까지는 집요할 정도로 노력해서 한 단계 한 단계 순서대로 밟아나가야 한다. 하지만 이 노력이라는 말에는 한 가지 미신이 있다.

"노력하는 자는 좋아하는 자를 이길 수 없고, 좋아하는 자는 즐기는 자를 이길 수 없다."라는 말이 있다. 하지만 나는 '노력하는 자'가 충분히 이긴다고 생각한다. 즐긴다는 것은 어떻게 보면 재미있다는 이야기다. 그런데 재미로 한다는 것은 그 일에 대해서 깊이 있게 모르는 아마추어일 확률이 높다. 물론 인고의 노력으로 한 분야를 통달해 심오함 속에서 재미를 느끼는 경지라면 이야기가 다르다. 하지만 노력하는 자도 즐기는 자를 충분히 이길 수 있다. 노력하는 자가 즐기는 자를 만들기 때문이다. 노력하는 자가 없다면 즐기는 자도 없다.

프로가 되는 과정은 너무너무 힘들고 험난하다. 내가 사는 주州에 꽤 유명한 UFC 격투기선수가 있다. 그 친구는 파이트 캠프를 준비할 때면 정말 죽고 싶을 만큼 힘들다고 말했다. 나는 격투기선수들이 경기 전에 운동하고 체중을 관리하는 모습을 본 적이 있다. 특히 기준 체중을 맞추는 계체량 전날에는 몸의 수분을 거의 빼내고 있다. 그 모습을 보면 그들이 절대 즐기지 않고, 즐길 수 없다는 걸 알게 된다.

운동이 극에 달하면 분비되는 베타 엔돌핀으로 '러너스 하이' Runner's High 현상이 있다. 격투기선수가 링 위에서 상대를 눕히고 나서 느끼는 쾌감을 즐거움이라 표현할 수 있겠지만, 그렇게 되기까지의 과정은 즐길 수 있는 것이 아니다. 그런데 승리한 후의 그 도취감도 그리 오래가지 못하기 때문에 또 허무해져서 미친 듯이 다시 운동을 한다. 그들은 그 세계의 프로지만 과연 그것을 마냥 즐긴다고 할 수 있을까? 노력을 습관화한다는 것은 즐기는 것보다 더 어려운 일이다.

"즐기는 자를 이기지 못한다."라는 말에 공감한다면 그냥 멋있는 문구를 좋아하는 사람들에게나 해당되는 말이라고 생각한다. 세계적인 발레리나 강수진은 하루에 2시간씩만 자는 혹독한 연습을 통해 스스로를 무대에 세웠다고 한다. 그런데 즐기라고 말하는 사람은 청춘이라면 즐기고, 하고 싶은 것을 하고, 무엇보다 꿈을 꾸라고 이야기한다. 상황이 그처럼 힘든데 어떻게 힘을 내고 즐긴단 말인가?

노력은 항상 고통이 따른다. 결코 즐길 수 없는 순간들이다. 그런데 '즐기라는 것'이다. 처절한 고통에 대한 이야기보다 현실을 긍정적인 분위기로 환상화하라고 한다. 난 그런 조언이 보편적이지 않고, 오히려 사람을 지치게 만들기 쉽다고 생각한다.

지금 즐기면 놈팡이가 되고 가난해진다. 지금 꿈꾸면 몽상가가 된다. 현실성을 잃어버리면 당신이 살고자 하는 삶을 살기 힘들어진다. 꿈을 꾸라고 이야기하는 자들을 경계하라. 그들에게는 통했는지 몰라도 당신에게는 통하지 않을 확률이 훨씬 높다. 노력해야 할 때는 노력해야 한다. 무엇보다 집요해져야 한다. 자기 분야에서 사이코처럼 집요함을 발휘하고 실패한 사람을 거의 본 적이 없다.

난 다른 사람에게 희망적인 말을 잘하는 스타일이 아니다. 그렇다고 위로를 잘하는 스타일도 아니다. 위로라는 말 자체를 그리 믿지 않는다. 나의 주관이지만 여기까지 따라온 사람들은 그래도 조금은 공감하는 바가 있을 것이다.

집요하고 독하지 않게 살아온 사람이 그 혹한기도 버텨보지 않았으면서 즐기는 삶을 살고 싶었다는 과거의 바람으로 스스로를 곧잘 위안하곤 한다. 그들의 마음 속 깊은 곳에는 즐기는 것만으로는 안 된다는 걸 이미 알고 있다.

부를 이루기 위한
인간관계가 있다

많은 자기계발서가 부를 이루기 위해서는 "부자들과 어울리는 인간관계를 만들라."고 말한다. 부자들과 어울려야 좋은 정보를 얻고 그들의 사고방식을 배울 수 있다는 말이다. 일리 있는 말이지만 그럴 형편이 아니라면 크게 개의치 않아도 된다. 부자들이 딱히 자신에게 도움이 될지 안 될지도 모르는 상대와 어울려줄지도 의문이다. 이쪽 입장에서도 막연히 무슨 도움이나 받자고 굳이 먼저 어울릴 필요가 있겠는가? 때가 되면 인맥은 알아서 생긴다. 그러니 부자들과의 인간관계를 위해서 조급하게 굴지 마라.

나는 사람 만나는 것을 별로 좋아하지 않는다. 이민자로 미국생활을 시작했기 때문인지도 모르겠다. 이민 초기에 미국 부자들과 어울릴 수 있는 기회가 주어지지 않은 것은 당연했다. 지금이야 주변에 사업상 만나는 부자친구들이 꽤 있다. 하지만 돈을 버는 데 부자친구나 부자들과의 인간관계가 꼭 필요했던 것은 아니다. 사실 미국에서 내 친구라고 한다면 아내와 두 아이, 그리고 나와 함께 오래 근무한 직원 몇 명이 전부다.

나는 부를 일구는데 "인간관계에 굳이 신경 쓰지 않아도 된다."라고 말하고 싶다. 부자가 되기 위해서 반드시 2~3주에 한 번씩 대면해야 하는 의례적인 인간관계를 만들 필요는 없다는 의미다. 필요하다면 소셜미디어를 통해 얼마든지 다양한 분야의 사람들과 연결될 수 있다. 그렇다고 친한 친구까지 멀리할 필요는 없다. 어차피 빚 없이 1만 달러를 모으려면, 터틀 스텝 제5단계까지 친구 만날 시간도 여의치 않을 것이다.

데이비드 버커스는 《친구의 친구A friend of friend》라는 책에서 스탠리 밀그램 교수의 인간관계 연결성에 대해 소개한다. 밀그램 교수는 지구에 사는 우리들이 서로 얼마나 가깝게 연결되어 있는지를 알아보기 위해 재미난 실험을 했다.

밀그램 교수는 가장 먼저 보스턴에서 일하는 주식중개인을 '타깃'으로 선택했다. 그런 뒤 밀그램 교수는 제자 트래버스와 함께 296명의 지원자를 섭외했다. 296명 중 '3분의 1'은 보스턴에서 먼 네브래스카 오마하에 사는 사람들로, 다른 '3분의 1'은 오마하에 살면서 블루칩 주식을 가진 주식투자자로 섭외했다. 나머지 '3분의 1'은 보스턴 출신으로 섭외했다.

실험 방법은 이 296명이 하버드 로고가 적힌 책자를 '보스턴에서 일하는 주식중개인'에게 자신의 인맥을 동원해 전달하는 것이었다. 알겠지만 미국은 거대한 땅이다. 네브래스카 오마하에서 매사추세츠 보스턴까지 쉬지 않고 운전해도 22시간이 넘게 걸린다.

그런데 이 실험 결과는 아주 놀라웠다. 296명 중 64명이 하버드 로고가 그려진 책자를 '타깃' 목표 인물에게 정확하게 전달한 것이다. 이때 거친 평균 인맥은 겨우 5.2명이었다. 이 연구를 토대로 밀그램 교수는 대략 6명의 인맥만 거치면 누구와도 아는 사람과 연결될 수 있다고 주장했다. 지금처럼 소셜미디어가 발달한 시대에는 이보다 더 적은 인맥을 거쳐도 원하는 사람과 연결될 수 있을 것이다.

이 실험의 핵심은 바로 우리가 연결되고자 하는 사람과 연결되는 것이 생각보다 어렵지 않다는 것이다. 그만큼 인간들은 촘촘하고도 가까이 살고 있다. 물론 대통령이나 재벌 회장과 같이 특별한 위치에 있는 사람이라면 모르겠다.

따라서 새로운 일을 해야 할 때 필요한 정보를 가지고 있거나 도움을 구할 사람을 찾는 일은 생각보다 어렵지 않다. 중요한 것은 "얼마나 절박하게 그 사람과 연결되려고 노력하느냐."에 달려 있다. 이 시대는 내게 필요한 사람과 인스타그램만으로도 연결될 수 있는 세상이다.

그런데 '타깃'이 될 그 사람은 당신 말고도 다른 수많은 사람으로부터 연락을 받을 수 있다. 이때 필요한 것이 바로 '절박함'이다. 그 절박함이야말로 '타깃'이 당신에게 반응하게 만드는 유일무이한 방법이기 때문이다.

대나 화이트Dana White는 종합무술 격투기협회인 UFCUltimate Fighting Championship의 현 회장이다. 그는 고등학교 다닐 때 두 번이나 쫓겨난 문제아였다. 이후에도 변변한 직업을 갖지 못하다가 격투기선수의 매니저가 되었다. 그는 고등학교 친구 결혼식에서 학교에 다닐 때는 별로 친하지도 않던 동문 로렌조 페르티타를 만나게 된다.

페르티타의 아버지는 라스베이거스의 돈 많은 카지노계의 거물이었다. 페르티타 역시 아버지를 도와 카지노 사업을 하고 있었다. 화이트는 절박함으로 페르티타를 설득했다.

화이트는 그 당시 거의 망해가던 UFC를 인수하고 싶었으나 돈이 없었다. 그래서 별로 친하지 않았지만 페르티나에게 매달렸다. 마침내 페르티타는 투자하기로 결정했고, 화이트는 UFC를 200만 달러에 인수했다. 이후 화이트는 우여곡절을 겪으며 UFC를 키워냈다. 현재 UFC의 가치는 40억 달러에 이르는 대규모 스포츠협회가 됐다.

어떤 인간관계가 반드시 친밀해야만 도움을 주는 건 아니다. 오히려 유대관계가 별로 없는 '한 다리 건너 아는 사람'이 도움이 되는 경우도 많다. 주변의 친한 친구에게 문제를 상의하거나 이야기했을 때 시큰둥하게 받아들이는 경우가 많을 것이다. 친구들끼리는 이미 당신의 생각과 의견을 알고 있을 확률이 높은 데다, 사는 환경이 비슷하기 때문일 수 있다.

생각해보라. 친구에게 얻은 조언을 그대로 실천한 경험이 있는가? 마음의 결정을 이미 내린 상태에서 친구의 조언으로 확신을 얻고 싶던 경우는 아니었는지? 아마 당신과 친한 그가 의견을 지지해줄 거라는 믿음 때문에 이야기했을 것이다. 따라서 가능하면 친한 친구와는 깊은 상의를 하지 않는 게 좋을 수 있다. 물론 힘들 때 서로 마음으로 도움을 주고받는 일을 평가절하하는 것은 아니다.

절박함이 있다면 '얇은' 인간관계를 통해서도 충분히 돈을 벌 수 있다. 지인의 지인을 통해서도 도움을 줄 정보를 가진 사람과 연결될 수 있다. 굳이 깊은 인간관계를 형성하려고 억지로 노력하면 스트레스만 받는다. 때가 되면 부자들은 자연스럽게 주변에 생긴다.

무엇보다 자신에게 도움을 줄 수 있는 사람을 만나기 위해 절박하게 노력해본 적이 있는지 스스로에게 물어보라. 누구를 만나는 자체가 중요한 것이 아니라 마음가짐이 충분히 절박한지가 중요하다.

화이트가 페르티타를 설득할 때의 절박함을 상상해보라. 페르티타는 고등학교 때 우등생이었고, 좋은 대학을 나온 엘리트였다. 그에 비하면 화이트는 보잘것없는 고등학교 동문 그 이상도 이하도 아니었다. 그런 그가 페르티타를 설득하기 위해서는 엄청난 절박함이 필요했을 것이다. 나처럼 낯을 가리는 사람도 필요할 경우에는 몇 번이고 상대방을 찾아간다. 그리고 내가 아는 지인을 통해 그 사람을 만나기 위해 끊임없이 노력한다. 그러면 대부분 만날 수 있었다.

못 믿겠는가? 절박함으로 무장하고 시험해보라. 절박하면 그를 만나기 위한 아이디어가 수도 없이 떠오를 것이다.

성공하려면 반드시 계획이 필요하다

래리 페이지Larry Page와 세르게이 브린Sergey Brin은 ‘구글’을 창업할 때 사업계획서도 없었다. 라이너 디텔만의 책《부의 선택Dare To Be Different and Grow Rich》을 보면 나오는 유명한 이야기다.

그들의 목적은 단순했다. 알타비스타Altavista 같은 기존 검색엔진의 성능이 마음에 들지 않아서, 더 좋은 검색엔진을 만들어 큰 회사에 파는 것이었다. 구글을 창업하려던 계획은 처음부터 없었다. 하지만 검색엔진을 산다는 회사가 없었고, 우여곡절 끝에 세쿼이아 캐피탈Sequoia capital의 투자를 받아 구글을 창업하게 되었다.

그런 구글의 규모가 현재 주가총액 기준으로 964조 달러에 달한다. 애플·마이크로소프트·아마존에 이어 세계 4위의 기업이다.

경영학에서는 어떤 사업을 시작할 때 사업계획서가 반드시 필요하다고 말한다. 우리가 익히 아는 SWOTStrength, Weakness, Opportunity, and Threat 분석을 통해 계획서를 짜고, 실제 실행할 액션 플랜Action Plan을 가지고 시작하라는 게 사업의 정설이다. 하지만 사업은 계획서대로 흐르지 않는다. 우리가 돈을 벌 계획을 세워서 실행할 때에도 수많은 변수들이 작용한다. 라이너 디텔만이 책에서 강조하는 것은 계획이 아니라 '실행'이다.

나도 일단 시작하고 상황이 닥치면 거기에 맞게 대처한다. '터틀 스텝 10단계'의 목표이자 계획은 경제적 자유와 삶의 자유를 찾고자 하는 것이다. 어쨌든 가장 중요한 것은 제1단계부터 '지금 당장' 시작하는 것이다. 그 시작은 빚이 있거나 생긴다면 최대한 빨리 빚을 갚기 위한 행동부터 실천하는 것이 중요하다. 실행하지 않는 계획은 의미가 없다.

코로나 팬데믹으로 나 역시 사업에 상당한 타격을 입었다. 코로나 팬데믹의 위기감이 느껴짐과 동시에 나는 새로운 아이템을 찾아 사업을 시작했다. 팬데믹이 초래한 사업손실을 마련할 방법을 찾기 위해서였다.

결정한 바로 그날 저녁, 인터넷을 통해 유한책임회사LLC, Limited Liability Company를 등록했다. 다음날 전화도 한 대 마련했다. 그리고 아마존에서 어떻게 물건을 파는지도 모르면서 아마존 판매계좌를 오픈했다. 심지어 어떤 물건을 팔지에 대한 아이템도 정하지 않았다. 이때부터 아이템 선정을 위한 온라인 강의를 듣기 시작했다. 10달러 남짓한 인터넷 강의는 생각보다 해당 내용을 아주 자세히 가르쳐주었다.

그렇게 아이템 선정을 마친 후, 일주일 동안에 중국과 대만 그리고 한국의 업체들과 연락해 내가 원하는 물건을 만들 공장을 찾았다. 그러면서 동시에 로고와 라벨링을 맡을 디자이너를 섭외해서 일을 진행시켰다.

아마존 스토어를 시작함에 있어 계획서는 필요하지 않았다. 처음 해야 할 일이 새로운 회사를 등록하는 것이어서 그날 당장 등록한 것이고, 회사를 등록했으니 당연히 다음 일을 진행하게 된 것이다. 내게 돈이 있어서 그렇게 할 수 있었다고 생각할지도 모르겠으나 회사등록에는 10달러가 들었다. 아마존 스토어 온라인 강의 역시 앞서 말했듯 10달러, 로고와 라벨링 디자인은 프리랜서를 구할 수 있는 인터넷 사이트를 통해 인도에 있는 디자이너에게 부탁했다. 그녀가 요구한 금액은 50달러였다. 새 전화번호가 필요해서 무료 전화기 하나를 구해왔고, 내 회사 로고와 이름을 써서 상품을 만드는 경우라 공장에서 요구하는 최소한의 상품수량에 맞추다보니 대략 1천5백 달러 정도가 소요되었다.

이처럼 사업에서 중요한 것은 실행을 최대한 빨리하는 것이다. 지나치게 계획을 잘 세우려고 하면 그 자체가 이미 스트레스로 작용한다. 그리고 계획을 세우다가 지친다. 세부사항이 조밀할수록 더 빨리 지친다. 자신이 만든 세밀한 계획을 다 따라갈 수가 없기 때문이다.

경쟁자가 계획을 세우며 시간을 보낼 때 완벽하지 않더라도 빠른 실행을 통해 결과물을 내보내는 게 더 중요하다. 그리고 그 결과물이 마음에 들지 않으면 그 상황에 맞춰 결과물을 수정해서 다시 만들어 내면 된다.

예를 들어 의자를 제작해서 판매한다고 가정해보자. 최고의 의자를 만들기 위해 도면을 계획하고 세세히 그리는 시간에, 당장 자신의 머릿속에 있는 의자를 실물로 만들어서 고객에게 내놓는 일이 더 중요하다. 고객의 피드백을 받으며 5번 정도만 고쳐서 내놓으면 장담하건대 꽤나 잘 팔리는 의자를 만들게 될 것이다.

중국 최대의 온라인 스토어 플랫폼인 '알리바바'의 창시자 마윈馬雲은 영어를 배우기 위해 관광가이드를 했다. 매일 아침 5시에 일어나 호텔로 가서 외국인에게 무료 가이드를 해주고 대신 영어를 배웠다. 그는 외국인 관광객을 자전거에 태우고 항저우까지 가이드를 했다. 외국인과 대화할수록 영어실력이 향상되었고, 더불어 그들의 세계관과 인생관도 접할 수 있었다. 외국인과 대화를 나누면서 그들이 매우 다른 교육을 받았다는 것과 자신이 사는 세상과는 완전히 다른 세상이 존재한다는 것을 느꼈다고 훗날 회고했다. 마윈은 그 일을 무려 9년이나 자청해서 했다. 나중엔 그 노력이 그를 해외업무로까지 이끌었다. 그리고 1995년 시애틀에 방문해서 처음 인터넷을 접하게 됐고, 그의 인생은 완전히 달라졌다.

사실 그가 한 일은 영어를 배우고 싶다는 생각에 당장 외국인을 만날 수 있는 호텔을 찾아간 것이다. 그가 지금의 자리에 서기까지 중요한 전환점이자 연결고리가 되어준 영어를 배우기 위해 한 일은 고작 '시작'이 전부였던 셈이다.

실행은 계획보다 우선되어야 한다. 실행하면서 생기는 오류는 쉽게 수정할 수 있다. 이미 시작한 일이라면 문제점이 생겼을 때 반드시 수정해야만 하기 때문이다.

'터틀 스텝 10단계' 역시 세밀한 계획을 세울 것을 방법으로 제시하지 않는다. 삶의 자유를 찾는 긴 여정에 정말 중요한 것은 세밀한 계획보다 지금 당장 내딛는 한 걸음이다.

부자가 되지 못하게 하는
'부자들의 음모'가 있다

내가 처음 돈을 벌기 위한 마음가짐을 갖는 데 큰 영향을 미친 책은 앞에서도 언급했지만 로버트 기요사키의 《부자 아빠 가난한 아빠》였다. 그의 책 중에 《부자들의 음모Conspiracy of the Rich》가 있다. 이 책에서 그는 평범한 사람이 부자가 되지 못하는 이유는 '평범한 조언'을 따르기 때문이라고 말한다.

[로버트 기요사키의 부자가 되지 못하는 평범한 조언]

1. 좋은 학교에 들어간다
2. 좋은 직장에 입사한다
3. 열심히 일한다
4. 돈을 아껴 쓴다
5. 집은 가장 큰 자산이자 투자대상이다

6. 버는 돈보다 적게 쓴다

7. 빚은 빨리 갚는다

8. 주식·채권·뮤추얼펀드에 골고루 분산하여 장기투자한다

9. 퇴직하면 정부연금으로 살 수 있다

10. 오래오래 행복하게 산다

이 10가지는 기요사키가 "따르면 부자가 되지 못한다."라고 말하는 평범한 조언이다. 이것이야말로 부자들의 음모일 수도 있다. 이 10가지 조언에 내 의견을 덧붙여 보고자 한다.

1. 좋은 학교에 들어간다

좋은 학교에 들어가는 것과 부자가 되는 일은 큰 연관이 없다는 것에 동의한다. 예전에는 좋은 학교, 특히 명문 대학을 졸업하면 어느 정도 사회·경제적 성공이 보장되었다. 좋은 대학에서 알게 된 인적 네트워크가 상당한 도움을 주었다. 말이 좋아 인적 네트워크지 이를 학맥學脈 또는 학연學緣이라고 했다.

하지만 코로나 팬데믹으로 온라인 강좌가 대세가 되고 있다. 비대면 문화가 자리 잡아가는 것이다. 서로 대면하는 기회가 줄어들면 당연히 인적 네트워크의 친밀성과 강도도 떨어진다. 제4차 산업혁명 시대에 접어들면서 인공지능은 더없이 발달하고 있다. 좋은 학교와 공부를 잘하는 것, 그리고 돈 버는 일의 상관관계는 갈수록 낮아지리라 본다.

2. 좋은 직장에 입사한다

반드시는 아니어도 좋은 직장에 다니는 것이 부자가 되는 데 도움이 된다고 생각한다. 따라서 이 의견엔 동의하지 않는다. 로버트 기요사키가 말하는 '좋은 직장'이란 급여가 높은 직장을 의미하는 듯하다. 급여가 높은 직장에 다니면 그만큼 빚을 빨리 줄이고 저축을 많이 할 수 있으므로 터틀 스텝 제5~10단계에 빨리 도달할 수 있다. 매달 받는 급여를 조금이라도 높이기 위해서 끊임없이 노력해야 한다.

3. 열심히 일한다

열심히 일하는 것은 부자가 되는 길에 꼭 필요하므로 동의하지 않는다. 앞에서도 언급했지만 자수성가한 부자들은 대부분 일반 사람보다 훨씬 많은 시간을 투자해서 일해왔다. 하지만 터틀 스텝 제9단계에 이르면 일을 열심히 할지 말지는 자신의 선택사항이다. 그 이전까지는 남들보다 두 배는 더 '열심히' 일해서 돈을 벌어야 한다.

4. 돈을 아껴 쓴다

돈을 아껴 쓰는 것은 부자가 되는 가장 기초적인 방법이므로 당연히 기요사키의 의견에 동의하지 않는다. 부자는 큰 돈을 과감하게 투자도 하지만 적은 돈도 세세하게 아낀다.

로버트 기요사키와 도널드 트럼프 대통령이 대화를 나눈 영상이 있다. 그 대화에서 둘이 동의하는 내용 중 하나는 "평균 이하로 살면 안 된다."라는 것이다. 부자가 아니더라도 부자처럼 살라는 말이다. 그래야 당신의 뇌가 부자의 뇌로 바뀌어 결국은 부자가 된다고 한다.

언급할 가치조차 없는 조언이다. 돈이 없는데 부자처럼 사는 것과 진짜 부자가 부자로 사는 것은 다르기 때문이다. 돈을 아껴 써야 빚이 생기지 않고 빚이 없어야 투자할 금액을 모을 수 있다.

난 지금도 중저가 차를 타고 다닌다. 물론 원하면 고급 차를 탈 수도 있겠지만 차에 많은 돈을 투자하고 싶지는 않다. 무조건 드러내는 것이 '부'라고 생각지 않는다. 차는 사는 첫해에 40%의 감가상각이 발생한다. 1년이 지난 뒤 그 차를 다시 팔면 40%를 손해를 보고 팔아야 하는 것이다. '터틀 스텝'의 기초정신이기도 하지만, 돈은 최대한 아껴 써야 하고 그 돈으로 빚을 갚고 저축해야 한다.

5. 집은 가장 큰 자산이자 투자대상이다

기요사키의 의견에 동의한다. '터틀 스텝' 단계 중 빚을 완전히 청산하는 단계는 제4단계이다. 이때 주택대출은 예외로 한다. 금액이 너무 크기 때문이다. 《토탈 머니 메이크오버The Total Money Makeover》의 저자 데이브 램지 역시 빚을 청산하는 대상에서 주택대출은 제외시키라고 말한다. 주택대출은 자산을 잡아먹는 또 하나의 가장 큰 부채이다.

나는 부업으로 부동산 사업을 한다. 부동산 사업을 할 때 내가 지키는 두 가지 원칙이 있다. 하나는 부동산은 대출 없이 산다. 다른 하나는 자본이득에 초점을 맞추는 투자가 아닌 현금 흐름에 중점을 둔 투자를 한다. 즉, 매달 내 주머니로 현금이 들어오는 형태의 부동산 투자만 한다. 집을 사서 대출을 갚기 위해 매달 주머니에서 돈이 나간다면, 그 집은 자산이 아니라 부채다. 하지만 집을 사서 세를 놓아 매달 현금 소득이 생긴다면 그것은 자산이다. 그래서 부동산은 자산이 될 수도 있고, 부채가 될 수도 있다. 꼭 부자가 될 수 없는 평범한 조언이라기보다 어떻게 활용할지 상황에 따라 다른 것이다.

6. 버는 돈보다 적게 쓴다

돈도 아끼고, 빚도 청산하고, 버는 돈보다 적게 써야 부자가 되는 길에 빨리 다가간다고 생각하므로 이 의견에도 동의하지 않는다. 당연히 버는 돈보다 적게 써야 한다. 버는 돈보다 많이 쓰는 것은 부자가 아님에도 부자인 척하며 사는 것과 다름없다. 결말은 당연히 가계 파산으로 이른다. 부자라 할지라도 버는 돈보다 많이 써서는 안 된다.

기요사키는 부자들이 세금을 더 적게 낸다고 역설한다. 사업체를 통해서 세금을 적게 내고 빚을 통해서 적게 낸다고 설명한다. 세금으로 내야 하는 돈보다 빚에 대한 이자가 더 많으면 세금을 안 낼 수 있기 때문이다. 이건 말 그대로 빚의 풍선을 계속 키우는 부채경제 성장을 하자는 이야기와 다를 바 없다. 바람이 계속 들어가면 풍선은 언젠가 터지게 마련이다. 그 풍선이 터졌을 때 누가 진짜로 부자인지 보인다.

7. 빚은 빨리 갚는다

내내 강조했듯 빚을 빨리 갚는 것은 부자의 길에 들어서는 가장 우선적인 방법이므로 기요사키 의견에 동의하지 않는다. '터틀 스텝'에서도 성공의 기본은 최대한 빨리 빚을 갚는 것이다. 기요사키는 빚을 늘리는 방법으로 부자가 되라고 권유한다. 그 방법만이 자본주의 사회에서 성공할 수 있는 방법이라고. 물론 레버리지를 사용해 투자하는 것이 부를 늘려줄 수도 있다. 하지만 이 역시 최대한 빚이 없는 상태에서 적용해야지 더 효과가 있다. 모래 위에 집을 지으면 홍수에 쉽게 휩쓸려 나갈 수 있지만, 단단한 반석 위에 지으면 홍수가 나도 그 집은 자리를 굳건히 지키는 법이다.

8. 주식·채권·뮤추얼펀드에 골고루 분산하여 장기투자한다

50%만 동의한다. 반드시 분산투자만 고집할 필요는 없다고 생각한다. 하지만 투자는 장기투자로 해야 한다.

분산투자는 흔히 권유되는 투자방법이다. 하지만 분산투자의 경우 한 군데는 오르고, 다른 한 군데의 가치가 내려가면 실제 수익률은 줄어들 가능성도 있다. 그런데 신기하게도 많은 투자 대가들은 분산투자를 하면 그런 현상이 발생하지 않고, 더 안정적인 수익을 가져갈 수 있다고 말한다. 하지만 나는 개인적으로 분산투자보다는 집중투자도 나쁘지 않다고 생각한다. 물론 그렇게 하려면 공부가 선행되어야 한다. 그래도 집중투자하기가 불안하다면 이미 분산되어 있는 뮤추얼펀드나 ETF에 투자하면 된다.

이번 코로나 팬데믹으로 미국은 역사상 유례없는 통화정책과 재정정책을 동시에 적용했다. 어마어마한 통화량이 시장으로 흘러들어갔고, 정부가 미국 국민과 회사에 직접 지원금을 보내기도 했다. 풀린 돈과 앞으로 풀릴 돈의 양은 무려 6조 달러에 달한다. 미국연방준비제도이사회FRB 역사상 처음 있는 사실상 무제한적인 양적완화이다. 한국의 2020년 한 해 예산이 512조 원에 비해 7,200조 원이므로 실로 어마어마하지 않을 수 없다. 그런데 이 돈을 몇 달 사이에 뿌린 것이다. 이렇게 풀린 돈은 당연히 자산의 인플레이션을 높인다.

팬데믹이 극에 달한 지금 상황에서도 미국의 주식은 오르고 있다. 나는 양적완화 발표와 동시에 여윳돈으로 주식을 사기 시작했다. 그 이후 석 달 동안 꽤 큰 금액을 벌었다. 그렇게 번 돈은 양적완화로 생길 달러의 약세 위험에 대비해 헤지hedge 수단으로 실물 금과 은으로 바꾸었다. 헤지란 투자자가 가지고 있거나 앞으로 보유하려는 자산의 가치가 변함에 따라 발생하는 위험을 없애려는 시도를 말한다.

이번 주식투자에서 난 3개 종목에만 집중했다. 그리고 거기에서 나온 수익금으로 금과 은에 투자해서 분산투자 같지만, 실제로는 지금 가진 것은 금과 은뿐이니 분산투자가 아닌 셈이다. 물론 이번 시기에 한해서 말하는 것이다. 나의 평상시 투자 포트폴리오는 부동산·주식·금·은 그리고 사업 등으로 다양하게 분산되어 있다. 같은 원칙도 상황에 따라 다르게 해석될 수 있다고 생각한다. 이 책에서는 궁극적으로 분산투자를 '권유'한다.

터틀 스텝 제8단계로 넘어가면 원하는 형태로 투자하면 된다. 하지만 이 주장에 50%만 동의한다고 말한 건 반드시 장기투자를 해야 하기 때문이다. 장기투자는 선택사항이 아니다. 난 항상 장기투자를 선호한다. 좋은 주식이나 ETF, 부동산의 장기투자 시, 단기투자가 지니는 변동성의 위험이 현저히 낮아지고 수익률 또한 커진다. 그래서 부자 되는 '터틀 스텝 10단계'에서는 단기투자는 권하지 않는다.

9. 퇴직하면 정부연금으로 살 수 있다

50%만 동의한다. 미국의 직장인들은 주로 직장에서 제공해주는 '401K'라는 연금투자 프로그램을 많이 이용한다.

작은 회사에 다니거나 직장인이 아닐 경우, Simple IRA나 IRA Individual Retirement Account라 불리는 은퇴연금 펀드에 대부분 가입한다. 세금공제 혜택이 상당하므로 매력이 있다. 단, 65세 이전에 투자된 자금을 회수할 때는 공제 혜택받은 세금을 내야 한다.

대부분의 미국인들은 정부에서 주는 연금만으로는 생활하기가 쉽지 않다. 그래서 본인이 일하면서 번 소득수준에 따라 다른 사회보장연금 등을 가입하고, 은퇴 후 그 연금을 받는다. 특히 소득이 낮은 사람들의 경우는 은퇴 이후 정부연금만으로 생활하기가 더욱 어렵다. 그래서 401K, Simple IRA, IRA 등의 세금공제 투자 프로그램에 따로 가입하는 것이다.

로버트 기요사키는 이런 은퇴연금 펀드의 한계를 말하는 것이 아니고, 사업을 하거나 빚을 내어 더 큰 투자를 일으키라고 권유하는 주장이기 때문에 나의 의견과는 반만 일치한다. 어쨌든 정부연금만으로 은퇴자금을 쓰겠다는 생각은 위험하다. 그러므로 나의 '터틀 스텝 10단계'의 제6단계부터 5천 달러를 첫 투자금액으로 잡아서 ETF나 뮤추얼펀드에 투자하고 그 이후 매달 수입의 40%를 적립식으로 투자하라고 권유한다. 그러면 정부연금에 의존하지 않고도 노후에 재정적 독립과 삶의 자유를 누리며 살 수 있다.

10. 오래오래 행복하게 산다

나는 빚 없이 투자를 해왔고 지금도 매달 그렇게 하고 있다. 45세쯤에 경제적 독립과 주도적 삶의 자유를 찾았다. 그러므로 빚 없이 열심히 일해서 살면 오래오래 행복하게 부자가 될 수 없다고 비아냥거리는 기요사키의 의견에 동의하지 않는다.

부자처럼 살면
부가 따라온다

내 주변에는 진짜 부자와 가짜 부자가 있다. 진짜 부자는 경제적 독립과 주도적 삶의 자유를 이룬 이들이고, 가짜 부자는 '부자처럼' 보이고 싶어 하는 이들이다.

내 친구 두 명의 이야기를 해보려 한다. 한 명은 의사이고 다른 한 명은 은행원이다. 한국과 달리 미국에서 은행원은 전혀 선망하는 일자리가 아니다. 의사 친구는 10년 전까지만 해도 한 달에 5만 달러를 벌었지만 지금은 액수가 줄어 한 달에 2만 달러 정도를 번다. 은행원 친구는 10년 전에 3천5백 달러를 월급으로 받았고, 지금은 5천 달러 정도를 받는다. 월 5만 달러를 벌었다는 의사는 내가 알아 온 10년 동안 이미 두 번이나 파산 신고를 했다. 믿기 어렵겠지만 실제로 그렇다. 나보다 5살 많은 의사는 내게 선망의 대상이었다. 그의 실상을 알기 전까지는 그랬다.

의사 친구는 누구 봐도 입이 떡 벌어질 정도의 으리으리한 저택에 산다. 그런데 그 집은 융자금이 상당하다. 대부분의 미국인이 그렇듯 집값의 20%만 내고 80%는 대출로 샀기 때문이다. 집 자체가 궁전 같아서 인테리어 비용도 어마어마하게 들어갔다. 가구는 값비싼 원목 수제 가구들로 들여놓았다. 게다가 한 병에 4백~5백 달러하는 와인을 마시는 게 그의 고상한 취미 중 하나였다. 그것도 한 달에 수십 병을 마신다고 했다. 또 분기별로 일등석을 타고 아내와 함께 유럽, 아시아 등 세계 곳곳의 럭셔리 휴양지로 2주씩 여행을 다닌다.

이 정도라면 기본적으로 그와 그의 아내가 타는 차, 입는 옷, 즐겨 먹는 음식 등은 말하지 않아도 짐작할 수 있다. 그런데 코로나 바이러스 팬데믹으로 최근 들어 운영하던 병원을 닫게 되었다. 따라서 상당한 경제적 문제를 겪게 되자 3번째 파산신청을 했다.

그런 그가 파산하기 직전 살고 있는 저택을 리모델링했다. 그러고는 파산신청을 한 것이다. 미국 파산법은 파산을 하더라도 원한다면 집은 지킬 수 있다. 내가 그런 식으로 파산신청을 하면 리모델링한 건축업자는 공사비용을 받지 못하는 것이 아니냐고 묻자, 자신은 지금 돈이 없으니 줄 수 없다고 대답했다. 너무나 황당했다.

그가 리모델링을 마친 후 파산했으니 집은 다 고친 상태고, 건축업자는 처음 받은 계약금 외에 나머지 자재비와 인건비 등을 한 푼도 받지 못했다. 난 그걸 보고 그와 인연을 끊었다.

반면 은행원 친구는 성실하다. 카페에서 커피 한 잔 사 먹는 것을 아까워한다. 그와 만날 때는 절대로 '스타벅스' 같은 비싼 커피를 마시지 않았다(나는 밥은 사도 커피는 사지 않는다. 여담이긴 하지만 내가 커피를 산다면 정말 좋아하는 사람이다). 우리는 한 잔에 1달러 정도의 '맥도날드' 커피만을 마신다. 우리는 재무설계사가 같은 사람이란 인연으로 알게 되어 가끔 투자 의논도 함께하곤 한다. 그러다가 그가 빚이 없고 대출 없는 집에 살고 있다는 사실을 알게 됐다. 그가 사는 집의 가치는 40만 달러 정도 됐다. 그리고 25만 달러 정도 되는 집 한 채가 더 있어서 매달 1천 달러 조금 넘는 월세를 받는다고 했다. 당연히 그는 나처럼 중저가 차를 타고(그냥 보기에도 탄 지 최소 10년은 넘어보였다), 호화찬란한 휴가도 즐기지 않는다. 그는 이미 퇴직연금 펀드(401K)에 상당한 금액을 갖고 있었다. 그는 나보다 세 살 많다. 미국에서 연봉으로 6만 달러 정도를 버는 '전형적인 중산층'이다. 아내는 아이 돌보는 파트타임 일을 가끔 나갔다. 아내가 벌어 오는 돈은 모두 집 대출금을 갚는 데 보탰다고 한다.

자신은 월급을 받으면 50% 이상 재무설계사에게 맡겨 투자해왔고, 매달 한 번도 빠지지 않고 적립식 펀드에 투자했다고 한다. 복리 형태로 불어난 그의 펀드는 상당한 금액이 되었다. 월세 받는 정도의 집을 현금으로 살 수준이 된 것이다. 그러고도 다시 투자한 금액이 불어나 정부에서 줄 퇴직연금과 그동안 쌓아놓은 퇴직연금 펀드의 금액을 합하면 곧 은퇴해도 괜찮은 수준이라고 했다. 물론 지금 하는 일을 계속하고 싶어 65세에나 은퇴할 계획이다(65세 이후에 은퇴해야 정부 퇴직연금을 깎이지 않고 받을 수 있다). 사실 이 은행원 친구가 내 '터틀 스텝 10단계'의 모델 중 한 명이다.

나는 묻고 싶다. 누가 진짜 부자인지? 월 5만 달러를 벌던 의사 친구인지, 아니면 월 5천 달러를 벌면서 언제든 원하면 은퇴할 수 있는 은행원 친구인지? 당신 생각은 어떤가? 돈을 얼마를 버는가도 중요하지만 진짜 부자가 되는 관건은 돈을 '어떻게 관리'하느냐다.

'부자인 척'하기는 쉬울 수 있지만 반드시 고통이 따른다. 안타깝게도 그 고통은 최악의 순간에 한꺼번에 몰려올 확률이 크다. 모두가 축배를 들 때는 집단심리상 힘든 상황이 올 거란 걱정을 하지 않는다. 비로소 위기가 왔을 때 진짜 부자가 드러난다. 그들은 바로 빚 없이 꾸준히 투자해온 이들이다.

《부의 추월차선The Millionaire Fastline》의 저자 드마코M. J. DeMarco 역시 "가짜 부는 진짜 부를 파괴한다."라고 역설한 바 있다.

"가짜 부를 추구하는 것이 얼마나 두려운 결과를 낳는지 사람들은 잘 모르고 있다. 가짜 부는 진짜 부를 파괴한다. 진짜 부와 가짜 부의 간극이 커질수록 기대는 산산조각이 나고 불행이 찾아오기 시작한다. 부자처럼 보이려고 노력하면 할수록 가난은 더욱더 옭아맨다. 벤츠 판매대리점에서 부를 사는 것은 불가능해도 자유를 저당잡히는 것은 가능하다."

실로 내공이 묻어나는 조언이 아닐 수 없다.

돈의 신화를 깨는
미국 백만장자 이야기

미국에서 밀리어네어Millionaire, 즉 백만장자라 함은 순자산 100만 달러 이상 가진 사람들을 말한다. 순자산은 말 그대로 가진 돈(자산)에서 갚아야 할 돈(부채)을 뺀 '순수한 자산'이다. 부채를 제외한 자산의 금액이다. 물가 변동률과 자산 가격상승률을 고려할 때 미국의 백만장자는 예전의 백만장자보다 더 돈이 많아야 한다.

혹자는 100만 달러가 아닌 400~500만 달러가 있어야 예전의 백만장자와 같은 수준의 순자산을 가진 것이라고 말하기도 한다. 하지만 나는 그 주장과 달리 순자산이 100만 달러 이상이면 '밀리어네어'라 불리는 것이 맞다고 생각한다. 그들은 시간과 복리의 마술에 따라 이후 400~500만 달러의 순자산을 가질 가능성이 아주 크기 때문이다.

다음의 내용은《토탈 머니 메이크오버》,《이웃집 백만장자 그 이후The Next Millionaire Next Door》등의 책과 다양한 보고서에서 발췌한 것으로 백만장자들의 생활패턴, 교육수준과 소비내용 등을 정리한 것이다. 각 내용에 붙인 작은 '결론'들은 '터틀 스텝 10단계'와 연관이 있다.

(1) 세계에는 약 4,680만 명의 백만장자가 있으며 그중 40%인 1,860만 명이 미국에 산다. 미국 전체 가구의 14% 정도이다. 미국의 열 가구 중 한 가구는 순자산 100만 달러 이상을 가지고 있다. 미국에서는 하루에 1,700명 정도가 백만장자 클럽에 입성한다.

▶결론_세상에 부자는 많다.

(2) 미국 다음으로 백만장자가 많은 국가의 순서는 중국(10%), 일본(6%), 영국(5%), 독일(5%), 프랑스(4%)다. 그리고 이 여섯 국가의 백만장자 수가 전 세계 백만장자의 70%를 차지한다.

▶결론_한국은 여기에 없다. 그런데 주변 사람들을 보면 왜 나 말고 모두 부자인 것 같고 돈을 많이 버는 것 같을까? 대부분은 부자인 척하고 사는 사람들이 많다는 것이다. 극소수를 제외하고 진짜 부자는 부자처럼 보이지 않는다.

(3) 백만장자의 79%가 자수성가했다. [표 3-1]처럼 21%는 유산을 약간 받았고, 그중 3%는 100만 달러 이상의 유산을 상속받았다. 백만장자의 80%는 부모님의 경제력이 중산층이거나 그 이하였다고 답했

[표 3-1] 백만장자가 되기까지 부모의 도움이나 유산 여부

다. 2%의 백만장자만이 부모님의 경제력이 상위층이었다고 밝혔다.

▶결론_백만장자 열의 여덟은 자수성가형이다.

(4) 자수성가한 백만장자들은 열심히 일하고, 저축하고, 투자했다. [표 3-2]처럼 보통 28년에 걸쳐 순자산 100만 달러를 만들었는데 그들의 평균 나이는 49세였다.

▶결론_거북이처럼 천천히 그리고 꾸준히 노력하는 방법이 부자가 되는 최고의 방법이다.

(5) 백만장자의 75%가 [표 3-2]처럼 아주 지속적인 투자를 오랫동안 해온 것이 성공요인이라고 말했다. [표 3-3]처럼 80%는 직장에서 지원해준 퇴직연금 401K 플랜을 통해 투자하고 있었다(401K는 주로 뮤추얼펀드이다). 그중 75%는 401K 이외에 다른 투자 상품에도 함께 투자하고 있었다.

[표 3-2] 투자의 시간적인 양
백만달러를 갖기 전(평균 28년 간)

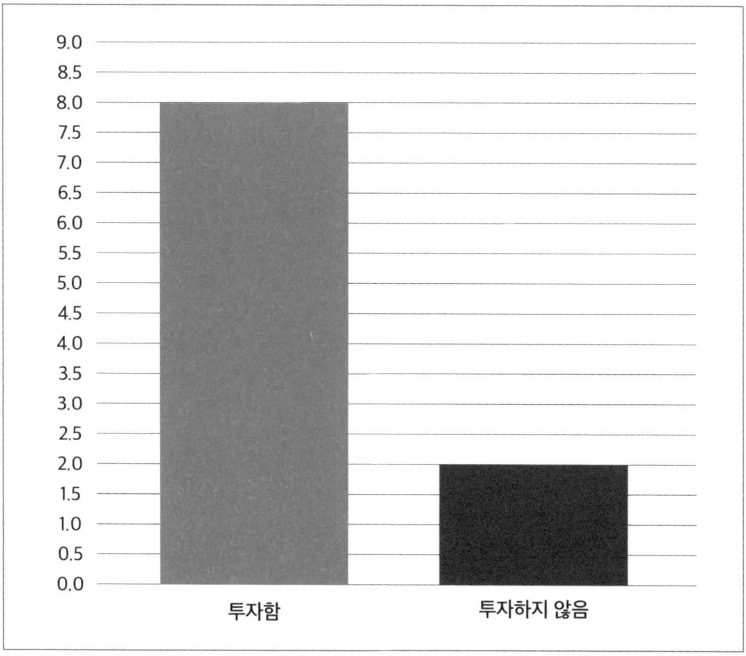

[표 3-3] 백만장자의 401K PLAN 투자 여부

▶결론_아파트 하나 사서 한 방을 노리는 것은 부자가 되기에 그리 좋은 방법이 아니다. 시간과 지속적인 투자가 합쳐질 때 복리의 마법이 펼쳐지고 진정한 부자가 된다.

(6) 94%의 백만장자가 자기가 버는 것보다 훨씬 적게 소비한다. 75%의 백만장자는 신용카드를 연체한 적이 없다고 말했다. 매달 갚아야 할 금액을 다음 달로 넘긴 적이 없는 것이다. 외식에 사용하는 비용은 월 200달러 이하였다. 93%의 백만장자가 쇼핑할 때 쿠폰을 사용했다.

▶결론_소비를 줄이고 빚 없이 삶을 지탱해야 결국은 부자가 된다.

(7) 백만장자의 15%만이 회사 경영자이거나 많은 급여를 받는 이사 그룹에 속하는 사람들이었으며, 평생 한번이라도 연 10만 달러 이상을 벌어봤다고 밝힌 백만장자는 31%에 밖에 되지 않았다.

▶결론_얼마를 버느냐보다 지금보다 조금이라도 더 벌기 위해 열심히 일하고, 저축하고, 투자해야 부자가 되는 것이다.

(8) 62%의 백만장자가 공립 중·고등학교를 다녔다. 단지 8%만이 사립 명문학교를 졸업했다. 백만장자의 88%가 대학을 나왔고(미국 일반인의 대학졸업 비율은 33%다), 52%의 백만장자들이 석사 이상의 학위를 가지고 있다(미국 일반인 중 석사학위 이상 소유자는 12%다). 그들의 학점 평균은 2.9점이었다. 자수성가한 백만장자들의 88%가 하루 최소한 30분 이상의 자기계발 관련 책을 읽었다.

▶결론_백만장자들은 교육을 통해 직장에 입사하고 급여를 받아 돈을 모으기 시작했다. 대부분 명문 학교를 나오지 않았지만 꾸준히 독서를 했다.

(9) 백만장자에게 저축의 중요성을 0-100까지로 두고(0은 '중요하지 않다', 100은 '가장 중요하다') 물었을 때, 그들이 답한 평균값은 82였다.

▶결론_부는 저축을 통해서 이루는 것이다. 저축 없이 빌려서 하는 투자는 거품이기 때문에 사라지기도 쉽다.

(10) 백만장자의 86%는 보통 일주일에 50시간 이상을 일한다. 그리고 65%는 세 가지 이상의 소득 라인을 갖고 있다.

▶결론_남보다 일을 더하는 노동을 통해 소득을 높이고, 소득이 나오는 라인도 늘려야 한다.

(11) 백만장자의 76%는 일주일에 4일 이상 운동을 하고 있었다.

▶결론_건강을 챙겨야 돈을 벌 수 있다. 터틀 스텝 제1단계의 주제가 '건강 챙기기'인 이유이다.

(12) 백만장자의 대부분은 집 담보 대출금이 3분의 1이 되지 않았다.

▶결론_레버리지를 이용한 투자는 위험하기 그지없다. 모두가 성공했거나 앞으로 성공할 것 같지만 사실은 아주 극소수만이 운이 좋았을 뿐이다. 부자인 척하며 좋은 집에 살지만, 대부분 대출금을 갚기 위해 허덕인다.

백만장자가 아닌 일반인의 돈 이야기

1. 일반 미국인들의 경제소득지표

[표 3-4]는 미국인들의 연령별 401K 퇴직연금 잔액 현황표다.

- 20대: 10,500달러(평균 1년 소득의 7% 투자)
- 30대: 38,400달러(평균 1년 소득의 8% 투자)
- 40대: 93,400달러(평균 1년 소득의 8% 투자)
- 50대: 160,000달러(평균 1년 소득의 10% 투자)
- 60대: 182,100달러(평균 1년 소득의 11% 투자)
- 70대: 171,400달러(평균 1년 소득의 12% 투자)

퇴직 은퇴자금에 넣은 금액은 겨우 소득평균의 9.3% 정도(평균치)다. 이 액수는 60~70대에 마음 놓고 은퇴하기에는 턱없이 부족한 금

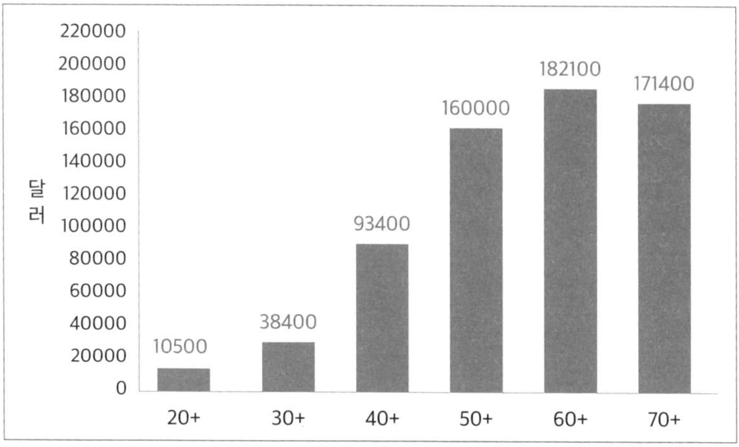

[표 3-4] 출처: 미국인들의 연령별 401K 퇴직연금 평균 잔액 현황
www.investopedia.com/articles/personal-finance/010616/whats-average-401k-balance-age.asp, 2020)

액이다.

[표 3-4]로 보듯이 나이가 들어감에 따라 소득에서 퇴직연금에 납입하는 돈의 비중이 커진다. 아마도 나이가 듦에 따라 은퇴 후의 삶이 불안하게 느껴져서 늦게나마 비중을 높이는 듯하다. 70대에서 모아둔 금액이 줄어드는 현상은 65세 이후부터 401K 계좌에서 돈을 빼 쓰기 시작하기 때문이다. 나는 경제적 자유를 얻는 터틀 스텝 제9단계에 이르기 위해서는 1년 생활비의 25배가 필요하다고 주장한다. 1년 생활비로 4만 달러가 필요하다면 100만 달러가 있어야 걱정 없이 은퇴할 수 있다는 플랜이다. 실제로는 조금 아끼고 산다면 15배만 있어도 충분히 가능하다.

단순히 생각하면 1년 생활비의 15배면 결국 일자리 없는 노후의 15년밖에 대비하지 못하는 금액이 아니냐고 생각할 수 있다. '터틀

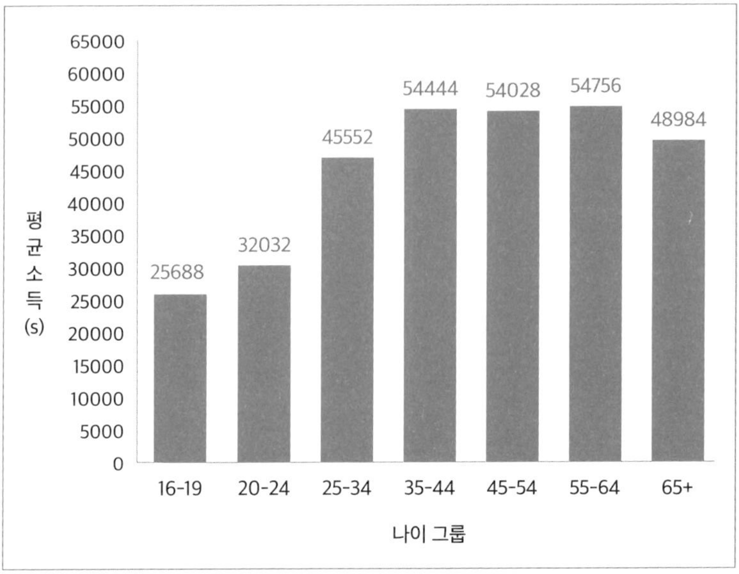

[표 3-5] 출처: 미국인들의 연령별 평균소득
(https://www.cnbc.com/2019/03/11/how-much-money-americans-have-in-their-savings-accounts-at-every-age.html, 2019)

스텝 10단계'에서는 25배면 경제적 자유를 얻기 충분하고도 넘치지만 15배라도 가능하다.

[표 3-5]는 미국인들의 연령대별 평균소득표다.

- 16~19세: 25,688달러
- 20~24세: 32,032 달러
- 25~34세: 45,552 달러
- 35~44세: 54,444달러
- 45~54세: 54,028달러

- 55~64세: 54,756달러
- 65세 이상: 48,984달러(62세 이상이 받는 정부연금을 제외한 금액)

미국의 경우 35~50세 사이에 가장 소득이 많다.

하지만 [표 3-6]처럼 '연령별 저축액'을 보면 35세에서 54세까지의 저축액은 최소 평균 2,422달러에서 최대 평균 15,589달러 사이다. 상황에 따라 약간의 편차는 있겠지만 전체적으로 소득액에 비해 저축액이 형편없이 적은 편이다.

만약 20대 후반~30대 초중반이라면 지금부터 소득을 높이기 시

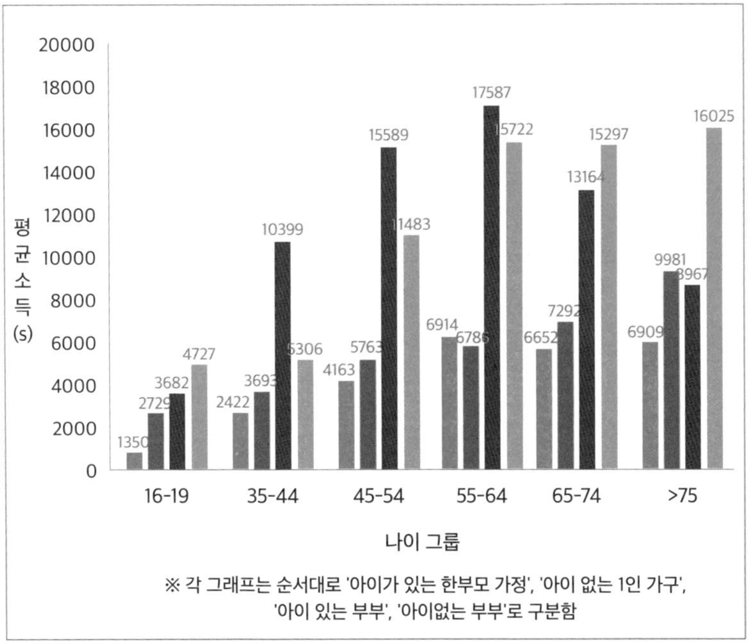

[표 3-6] 출처: 미국인들의 연령별 저축액
(https://smartasset.com/retirement/the-average-salary-by-age, 2020)

작해 35~50세 사이에 은퇴 준비를 마쳐야 한다. 이때 소비를 줄이고 소득은 최대한 늘려 빚은 빨리 갚고 저축액을 늘려야 한다. 시기를 놓치면 부자 되기 차선에 올라서기 쉽지 않다.

2. 한국인의 연평균 급여 및 OECD 삶의 질 지표Better Life Index

[표 3-7]에서 보듯 2000년 한국인 연평균 급여는 약 2만 9천 달러였으며, 2017년에는 약 3만 8천 달러이다. 17년 사이에 9천 달러가 증가했다.

그리고 매년 발표되는 'OECD 삶의 질 지표'를 보면 [표 3-8]처럼 한국의 경우 가정당 사용 가능한 연소득(갚아야 할 금액을 제외한 금액)은 약 2만 1천 달러이고, OECD 평균은 약 3만 3천 달러이다. 여기서 상위 20%와 하위 20%의 격차는 5배 정도이다.

년도	연평균	년도	연평균
2000	$29,082	2009	$34,362
2001	$29,667	2010	$35,956
2002	$30,000	2011	$35,295
2003	$31,792	2012	$35,864
2004	$32,707	2013	$35,529
2005	$33,648	2014	$35,321
2006	$33,988	2015	$35,949
2007	$34,583	2016	$37,165
2008	$34,272	2017	$37,849

[표 3-7] 출처: 구매력에 맞게 조정한 한국인의 평균 연봉
(https://www.statista.com/statistics/689751/south-korea-average-wage,2020)

항목	한국	OECD 평균
평균 가처분 소득	$21,882(2,600만 원)	$33,604(4,000만 원)
고용률	67%	68%
교육률	88%	78%
기대수명(해)	82	80
시민 참여도	78%	89%
유권자 투표율	77%	68%
일반적인 만족도	5.9	6.5

[표 3-8] 출처: OECD 삶의 질Better Life Index 지표
(https://koreajoongangdaily.joins.com/news/article/article.aspx?aid=3041041, 2017)

15~64세 사이의 고용률은 한국이 67%, OECD 평균이 68%로 비슷하다. 한국은 25~64세 사이에 고등학교 이상 졸업자가 88%이고, OECD 국가들 평균인 78%보다 훨씬 높다(대학이나 대학원 진학률도 한국이 71%이지만 다른 국가들은 평균적으로 56%에 그친다). 기대 수명은 대체로 비슷하지만 한국인이 약간 높다(남자 79세, 여자 85세). 한국인의 삶의 만족도는 5.9이고, OECD 국가들의 평균은 6.5이다.

한국은 연평균 급여에 비해 가구당 가처분 소득비율이 상당히 낮다. 이 사실은 한국인의 주택대출과 같은 가계 빚의 비중이 상당히 크다는 사실을 말해준다(2019년 말 기준, 한국의 가계 부채는 1,827조 원에 달한다).

교육수준이 높고 사회참여도가 높지만 삶의 만족도는 떨어진다. 치열한 경쟁사회이고 OECD 국가 중 3위에 해당하는 긴 노동시간을 지닌 탓도 있다. 하지만 삶의 만족도가 낮은 원인으로 높은 학력 수준에 비해 떨어지는 경제적 상황을 간과할 수 없다.

우리 가족은 매년 한국에 방문해 한 달 정도 머무른다. 방문할 때마다 나와 아내를 놀라게 하는 것 중 하나는 한국인들의 소비수준과 생활수준이다. 한국인의 연평균 급여는 내 한 달 수익보다 매우 적은데 비해, 체감되는 소비 패턴은 그 이상임을 느낀다.

내가 한 번도 타보지 못한 고급 차가 즐비함은 물론이고, 값비싼 고급식당에도 언제나 손님들로 붐볐다. 그리고 많은 사람이 '리스'로 매달 일정 금액을 내며 차를 타고 다닌다는 것도 무척 놀라웠다. 스스로를 '한 달 살이' 인생으로 묶어 부르며 자유를 포기하는 모습도 보였다.

3. 소득에 따른 절망감

[표 3-9]는 소득수준에 따라 '슬픔, 절망, 무가치함을 느끼는 감정'의 정도를 비율화한 것이다. 개인적으로 이 그래프 자체가 참 우울하고, 확연한 감정의 차이에 슬프기도 했다. 보다시피 연소득 2만 5천 달러 이하인 경우 슬픈 감정의 정도가 6.4로, 해당 구간 중 60%가 넘는 비율의 사람이 이에 속했다. 또, 슬픔과 절망 등 본인이 가치 없다고 느끼는 비율이 10점 만점에 3.8~6.4점까지 차지한다. 이에 반해 연소득이 10만 달러인 사람 중에서는 5~12%만이 그런 감정을 느낀다고 보고했다.

그런데 이 통계의 대상이 선진국인 미국인이라는 게 놀랍기만 하다. 사실 내 주변 미국인 중 돈이 없다고 슬퍼하거나 우울해하는 사람들을 별로 보지 못했다. 아마 미국인 대부분이 내 말에 동의할 것이다. 많은 미국인이 기독교 문화 등 선천적 환경의 영향으로 매우

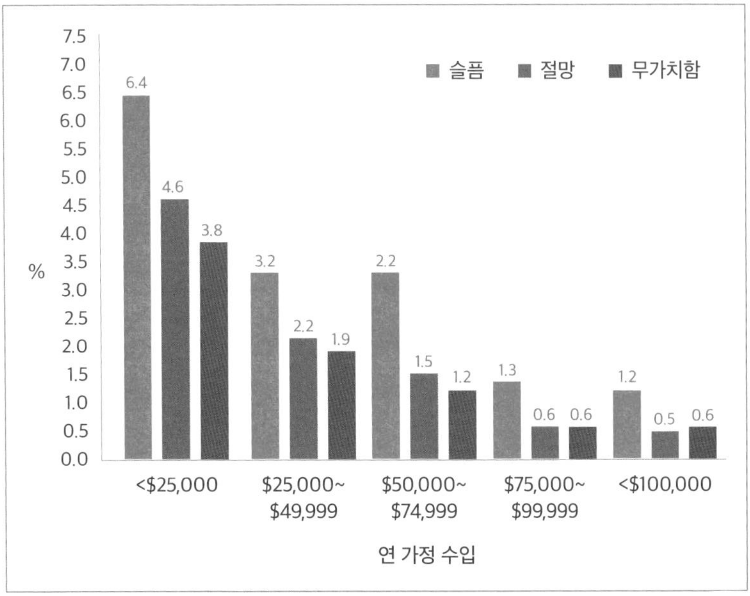

[표 3-9] 출처: 미국인들의 연령별 저축액(슬픔, 절망, 무가치함의 정도)
(https://smartasset.com/retirement/the-average-salary-by-age, 2020)

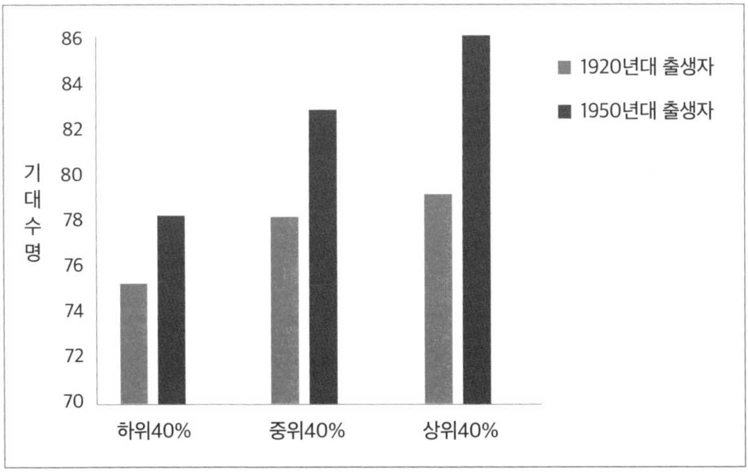

[표 3-10] 출처: 소득집단에 따른 남성평균 기대수명_《건강과 은퇴 연구》, 배리 보스워스, 게리 버트리스, 칸 장(Washington, D.C: Brookings Institution, 2014)

낙천적이고 어떤 일이든 신이 행하는 것이라 믿는 경우가 많기 때문이다. 같은 주제로 한국인을 대상으로 조사해도 결과가 크게 다르지 않을 것이다.

[표 3-10]을 보면 수입이 높을수록 우울감에서 벗어난 생활을 한다는 것을 뚜렷하게 드러낸다. 돈으로 행복을 살 수 없다는 말은 맞지 않는 이야기다. 이외에도 소득수준별 기대 수명을 조사해보면, 소득수준이 높을수록 더 장기적인 삶을 전망한다는 것을 알 수 있다. 이는 현재의 안정감에 따른 기대심리와 희망심리가 반영된 결과일 것이다.

4. 한국의 자살률과 금융문맹률

세계보건기구WHO에 따르면 한국의 자살률은 세계 10위이다. 한국의 노인빈곤율은 47%로 OECD 국가 중 최고 수준이고, 노인자살률 역시 최고 수준이다.

한국인의 문해력(문자를 읽고 쓰는 능력)은 97.9%에 이른다. 하지만 2018년 한국은행 조사에 따르면 성인(18~79세 사이)의 금융이해력 점수(금융문맹 점수)는 62.2점으로 OECD 평균인 64.9점보다 낮았다. 이들 중 연 5천만 원 이상을 버는 그룹은 65.6점으로 대한민국 성인 평균(62.2점)보다 높았지만, 연 3천만 원 이하를 버는 그룹의 금융이해력 점수는 58점으로 현저히 낮았다. 이 사실은 금융이해력의 정도에 따라 소득의 격차가 발생한다는 사실을 보여준다. 더욱 걱정되는 것은 20대의 86% 이상이 평생 금융교육을 받아본 경험이 없다는 조사결과이다.

금융교육을 받지 못하면 금융문맹이 되고, 금융자본이 산업자본을 지배하는 현재 금융자본주의 하에서는 치명적 약점을 가지게 된다. 쉽게 설명하면 한국 성인의 대부분은 자본주의하에서 '돈'이 어떻게 유통되는 개념인지 잘 모르고 있다는 이야기다. 그러다 보니 모두가 부동산에만 달려들어, 부동산 가격만 오르는 게 아닌가 싶다.

KB경영연구소의 '2019 한국 부자보고서(미국 밀리어네어와 같이 금융자산의 합이 10억 이상인 개인을 말한다)'에 따르면 2018년 말 한국 부자는 32만 3천 명으로 전년 대비 4.4% 증가했다. 서울에 14만 5천 명, 경기도에 7만 명, 인천에 1만 명으로 수도권에 69.6%가 집중되어 있다. 그들이 현재의 부를 이룬 가장 주된 첫 번째 원천은 사업소득이고, 두 번째는 부동산 투자였다. 2019년 한국 부자의 총자산은 부동산자산 53.7%, 금융자산 39.9%이다. 일반 가구의 총자산이 부동산자산 76.6%와 금융자산 18.9%로 구성되어 있는 점과 비교하면 부자의 금융자산 비중이 두 배 가량 높다.

대부분의 한국 부자들은 수도권에 산다. 그중 특히 강남 3구 거주 집중도가 높다. 부자들이 대도시에 많이 거주하는 이유는 부동산 가격 상승에서 자본의 소득을 얻으려고 하기 때문이다. 문제는 일반인도 이 흐름에 편승한다는 것이다.

미국의 경우 2008년 금융위기 이후로 저금리 기조가 지속되어 왔다. 이번 코로나 팬데믹으로 경기가 나빠지자 천문학적 액수의 양적 완화를 실시했다. 그 돈들은 기업으로 많이 흘러들어가 기술이나 연구 투자보다는, 오히려 자회사의 주식을 사는 데 그 돈을 더 쓴 것으로 보인다. 그래서 주식이 많이 올랐다.

미국 국민들 역시 미국 정부에서 직접 나눠준 재난지원금을 주식에 투자했다고 밝혔다. 이와 다르게 한국의 경우는 저금리 기조로 확연히 증가한 돈의 유동성이 부동산에 집중되는 것으로 보인다. 2018년 6월부터 2020년 5월까지 30대의 대출액이 102조 7천억 원으로 전체 대출 비율의 35.7%를 차지했다는 것은 실로 우려할 만하다.

나도 부동산투자를 하지만 최근에는 생각보다 큰 이득을 보기가 쉽지 않다. 예전과 달리 여러 가지 수수료와 세금, 그리고 낮은 이자지만 매달 갚아나가는 데 소요되는 비용이 만만치 않기 때문이다.

부의 축적에 기대는 삶은 굴비를 천장에 매달고 밥 한 숟가락에 굴비를 한 번 쳐다보며 식사를 했다는 자린고비 조륵의 일화와 다를 바 없다. 부동산은 현금성이 떨어진다. 쉽게 말해 내일 당장 돈을 쓰고 싶다고, 내일 당장 집이 팔려 내 손에 돈이 들어오지 않는다. 또한, 매달 갚아야 하는 대출금의 압박으로 대부분의 일반인은 평소 긴축재정을 할 수밖에 없다.

소비가 줄어들고, 줄어든 소비는 기업의 건전성을 악화시키므로 나라 전체적인 경제에도 치명적이다. 그래서 끊임없이 부동산 가격을 잡기 위해 노력하는 것이다. 굳이 국가 경제에까지 미치는 영향을 생각하지 않더라도, 유동성이 떨어져버린 자본은 내 재정상태에 영향을 미친다. 내가 필요할 때 바로 현금화할 수 없는 자본이기 때문이다. 그래서 개인의 생활 자체가 상당히 위축되고, 그 경제적 위축감은 정신적 우울감에 상당한 영향을 끼친다. 따라서 집값이 올라도 불안하고, 내려도 불안한 이상한 집단 우울증을 경험하게 된다.

한국을 방문해 친구들과 소주 한 잔 마실 때면 역시 부동산 이야기가 빠지지 않는다. 집을 가진 친구는 대출금을 갚느라 힘들어 하고 행여나 집값이 떨어질까 봐 불안해한다. 집이 없는 친구는 전세 계약이 끝날 때마다 집을 옮겨야 하거나 집세를 올려줘야 해서 스트레스를 받는다. 그리고 계속 오르는 집값 때문에 영영 집을 갖지 못할까 봐 불안해한다. 내가 아주 신기하게 느낀 것이 이 지점이다. 아무도 지금의 상황을 행복해하지 않았다. 하루가 멀다 하고 정부에서 발표한 부동산 대책이 나오지만 집값 상승만 더욱 부추기는 듯하다.

앞서 말했듯 난 부동산에 투자할 때는 자본이득을 생각하지 않고 당장 이번 달에 100달러라도 나의 현금 흐름을 올려줄 수 있는 곳에 투자한다. 만약 그런 상황이 안 된다면 과감히 부동산을 포기한다. 평생 먹지 못할 굴비 한 마리를 바라보며 사는 것과 크게 다를 바가 없기 때문이다.

물론 한국인에게 '내 집'이란 것이 어떤 의미인지 나 역시 잘 알고 있다. 아마도 그건 험난한 역사를 살아오며 DNA에 각인된 보호본능인지도 모른다. 하지만 내 손에 쥐여지지 않는 돈은 '허상'이다. 그래서 난 자본의 이득만 바라는 허울뿐인 투자를 권유하지 않는다. 천장에 매달린 굴비를 보며 언젠가는 내가 먹게 될 맛있는 생선이라 스스로 자위하는 것과 다를 바 없기 때문이다.

이번 코로나 바이러스의 대유행은 도시에서 사는 비용과 위험성이 어느 규모인지를 확실히 알려줬다. 노벨 경제학상 수상자인 로버트 쉴러Robert J. Shiller 예일대 교수가 CNBC와 인터뷰한 내용은 주목할 만하다.

그는 "앞으로 도시생활에 큰 변화가 생길 것이다. 이전과 같이 복잡한 도시생활이 편리함을 주기보다는 오히려 더 불안정한 삶을 가져다줄 수 있다. 따라서 도시에 근접한 부동산의 가치가 떨어질 것이다. 또한 그 효과나 가능성이 입증된 재택근무 제도가 더 활발해질 것이기 때문에 굳이 직장과 가까운 도시에 살 이유가 점차 줄어들 것이다."라고 말했다. 실제 페이스북을 비롯한 미국의 많은 '테크' 기업은 영구적 재택근무제로의 전환을 이미 선택하고 있다.

도시는 식당, 영화관 등의 편의시설을 공급하는 기능을 주로 가진다. 그런데 이번 코로나 팬데믹으로 그런 밀집·복합 공간들이 더 위험한 것으로 인식되었다. 심하게는 도시의 공동화 현상도 일어날 수 있다는 다른 전문가들의 경고도 따르는 상황이다.

그나마 한국은 모범적으로 잘 대처해서 다른 나라들에 비해 큰 인명 피해가 없다. 대처를 잘하지 못한 미국은 전체 인구의 3%가 거주하는 뉴욕에서 전체 사망자의 19%가 발생했다. 뉴욕은 아주 밀집된 메가 시티다. 실제로 미국에서 앞으로 부동산 가격이 가장 많이 떨어질 것으로 예상되는 지역은 뉴욕·LA·시카고 등 대도시들이다.

사실 미국에서는 코로나 팬데믹 이전에도 금전적 여유가 있는 사람일수록 이미 복잡한 밀집 지역을 떠나 자연 가까이에 사는 경우가 많았다. 이번 코로나 바이러스로 직접적 피해를 입은 사람들은 대부분 아파트(미국에서는 세를 내고 사는 다주택 건물을 아파트라 부른다)에서 서로 밀접한 생활동선을 공유하던 저소득층 사람들이다.

부동산중개인들은 내가 사는 도시 다운타운의 콘도나 아파트가 잘 렌트되지 않는다고 말한다. 지금 내 주변의 친한 부동산중개인이나 전문가들은 밀집 지역의 부동산 투자 권유를 주저한다. 특히 사무실이 들어찬 건물에 대한 투자를 적극적으로 말린다. 그들은 재택근무의 확산 등으로 큰 건물의 공실이 심해질 거라고 보고 있다. 적지 않은 업계 지인들은 이미 트렌드의 변화가 시작되었다고 인식한다.

한국은 다르다고 말할지 모른다. 하지만 트렌드는 서로 연결되어 있다. 코로나 팬데믹의 배경처럼 세계화는 공고하기 때문에 혼자 다른 트렌드를 고수한다는 것은 위험한 발상이다. 트렌드에 뒤처지면 생산성이 떨어지고, 생산성이 떨어지면 지금과 같은 초경쟁 시대에선 살아남기 힘들어진다. 기업이 힘들어지면 일자리는 줄어들 것이고 급여도 오르기 힘들다. 그 상태에서 부동산 가격만 오른다면 그 폭탄 돌리기를 하는 것과 마찬가지 상황이 된다.

세계적 트렌트를 따르게 되면 결국 도시의 부동산 가격은 하향평준화될 것이다. 천장에 매달려 먹지 못하는 굴비를 바라보느니, 부동산보다는 매달 적립식으로 지수연동형 ETF에 투자해 마음 편하게 천천히 부자가 되는 쪽이 훨씬 편한 이유이다. 빚을 통해 억지로 부를 불리고, 가격을 상승시키는 일보단 진짜 내실 있는 '부'를 키우는 일이 선제되어야 한다.

5. 한국 자산가의 유형

KB경영연구소의 '2019 한국 부자보고서'를 들여다보면, 한국 부자들 중 최근 3년 내 상속이나 증여를 받은 비율은 11%이고, 총자산이 많을수록 이 비율이 높았다. 100억 원 미만의 부자의 증여 비율이 9.6%이고, 100억 원 이상의 부자는 21.7%였다. 아직 한국은 부자 엄마와 부자 아빠가 많은 나라인 것이다.

소득활동 유형별 비중을 보면 사업소득이 현재 부 형성에 가장 큰 기여를 했다고 응답한 '사업소득형' 부자가 62.3%로 가장 많았다. 소득활동의 영향이 적은 '비소득형' 부자가 20.0%, 근로소득이 중심이라는 '근로소득형' 부자가 17.8%를 차지했다. 사업소득형 부자가 많았고, 사업이 부를 축적하는 원천으로 더 효과적이었다.

부자 엄마와 부자 아빠가 없다면 더 많이 벌고 잘 저축하는 것과 사업을 하는 것이 '부의 추월차선'에 오르는 길이다. 물론 사업은 육체적, 정신적으로 쉽게 선택할 수 있는 일이 아니고 인생을 걸어야 하는 일이다. 부자 되는 '터틀 스텝 10단계'에서 이를 방법론적으로 더욱 구체적이고 꼼꼼하게 생각해보자.

제4장

부자 되는 '리틀 스텝 10단계'

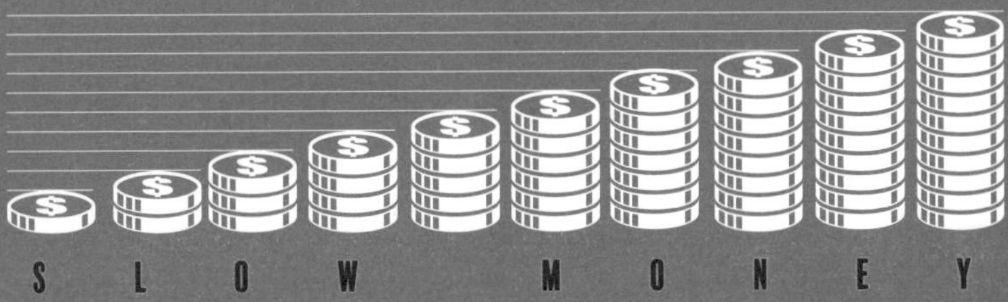

S L O W

M O N E Y

부자 되는 '터틀 스텝' 각 단계는 누구나 이해할 수 있는 쉬운 내용으로 이루어져 있다. 한 단계 한 단계를 끝까지 밟아 나아가기까지는 확고한 의지와 꾸준한 인내가 필요하다. 책의 앞선 여정은 모두 돈의 본질을 이해하고, 부자란 누구이며 무엇인가에 포커스가 맞춰져 있었다. 모두 '터틀 스텝 10단계'를 실천하기 위한 밑그림이다. 지금부터 거북이가 되어 경주를 시작해보자!

파란 약과 빨간 약

1999년 개봉된 영화 '매트릭스'는 1편은 물론이고 이후 개봉된 모든 시리즈가 흥행에 성공했다. 22세기 말, 인간이 컴퓨터 인공지능에 의해 감시되고 양육되는 세계를 그린 영화다. 인간은 인공지능 기계가 만들어놓은 매트릭스라는 거대한 프로그램 내에서 허상의 세계를 살아간다.

'매트릭스' 1편에서 네오와 대면한 모피어스는 운명을 믿느냐고 묻는다. 네오는 "만일 운명이란 것이 있다면 내 자신의 삶을 통제할 수 없을 것이다."라며 운명을 믿지 않는다고 답한다. 그러자 모피어스는 네오에게 진실을 보지 못하도록 가려져 있는 세계를 보여주겠다고 말한다. 네오가 "무슨 진실?"이라고 묻자, 모피어스는 "네가 노예라는 진실!"이라고 답한다.

모피어스는 덧붙인다.

"네가 보아온 모든 것들은 거짓이고 감옥이다. 그 감옥은 네 마음까지도 가두고 있다. 그러나 불행히도 아무도 너에게 매트릭스를 보여줄 수 없다. 오직 너 자신만이 직접 볼 수 있다."

이때 그 유명한 '파란 약과 빨간 약'이 나오는 대사가 이어진다.

"파란 약을 먹으면 여기서 끝난다. 침대에서 깨어나 네가 믿고 싶은 걸 믿게 되지. 하지만 빨간 약을 먹으면 '이상한 나라'에 남게 되고, 내가 그 토끼 구멍이 얼마나 깊은지 보여줄 수 있게 된다."

모피어스가 말하는 "토끼가 안내하는 구멍을 따라 이상한 나라(원더랜드)에 도착하게 될 것이다."라는 대사는, 1865년 루이스 캐럴 Lewis Carroll이 쓴 소설《이상한 나라의 앨리스》를 패러디한 것이다.

언니와 함께 무료한 하루를 보내던 7살 소녀 앨리스가 강가에 앉아 있다가 '시계를 가진 옷을 입은 말하는 토끼'를 발견한다. 그 토끼를 따라 굴로 들어간 뒤 '원더랜드(이상한 나라)'에 도착하고, 그 안에서 신기한 일들을 겪는 내용의 이야기다. 토끼굴을 따라가 마주한 초현실적 세상에서 앨리스는 자기가 흘린 눈물이 물웅덩이가 되고, 몸이 커지거나 작아지는 등의 신기한 일을 겪는다. 가상 세계와 실제 세계가 이미 모호해진 오늘날의 현실에서 생각해볼 때 19세기 당시 작가의 상상력은 놀랍기만 하다.

그럼 다시 매트릭스로 돌아가보자. 모피어스가 제안한 '파란 약과 빨간 약'에 담긴 명제는 "진실을 볼 것인가? 아니면 여기서 그만둘 것인가?"라는 의미다. 빨간 약은 진실을 제공할 것이나 진실을 보기 위해 토끼굴에 머리를 들이밀어야 한다. 당연히 그리 호락호락하지 않을 것이다. 파란 약을 먹으면 매트릭스의 세계 속에서 평생 거짓된 가상현실의 삶을 살게 된다.

어느 쪽이 더 현명한 선택인지는 당신의 선택이기에 누구도 강요할 수 없다. 매트릭스의 진실은 알면 고통스럽고, 모르면 편안한 현실이니 선택의 옳고 그름은 없다. 다만 빨간 약을 먹는 사람이 마주할 진실한 삶과, 파란 약을 먹는 사람이 마주할 가상현실의 삶만 있을 뿐이다.

진짜 부자로 살 것인가? 아니면 부자인 척하며 살 것인가? 이것 역시 선택에 달려 있다. 현재는 결국 내가 과거에 선택한 일들의 결과적인 집합이고, 미래는 이제부터 내 선택의 결과대로 살게 될 것이다. 어쩌면 현재는 내가 선택하지 않았던 행위들의 결과일지도 모른다. 하지만 빨간 약이든 파란 약이든 누구도 강제로 먹일 수는 없다.

일단 빨간 약을 먹으면 자전거를 타는 것과 마찬가지의 상태가 된다. 자전거는 멈추면 넘어진다. 결승점까지 계속 앞으로 페달을 밟아야 한다. 중간에 넘어져서 멈출 거라면 처음부터 파란 약을 먹는 게 낫다.

하지만 빨간 약을 먹고 자전거의 페달을 밟아 달려 나아가보라. 적어도 일단 에메랄드 성에 도달해 진정한 자유를 찾을 가능성은 있다. 어떤가? 해볼 만한 도박이지 않은가? 이제부터는 당신의 선택에 달려 있다.

진정한 자유를 찾아가는 부자 되는 '터틀 스텝 10단계'

터틀 스텝 제1단계: 건강부터 챙겨라
- 피곤해서 토끼처럼 낮잠 자는 거북이

터틀 스텝 제2단계: 자가포식 하라
- 토끼에게 느리다고 놀림당해 약이 오른 거북이

터틀 스텝 제3단계: 지금 소득보다 20%를 늘려라
- 토끼에게 장거리 경주를 제안하는 거북이

터틀 스텝 제4단계: 빚에서 탈출하라, 최대한 빨리
- 이미 출발부터 늦은 거북이

터틀 스텝 제5단계: 1만 달러를 모아라
- 경주 초반 여전히 토끼에게 한참 처진 거북이

터틀 스텝 제6단계: 5천 달러는 응급 자금으로 저축하고 남은 5천 달러로 투자 시작
- 잠든 토끼, 그리고 느리지만 계속 걷는 거북이

터틀 스텝 제7단계: 투자를 자동화해서 소득의 40%를 투자하고 10만 달러를 만들어라
- 잠든 토끼와 나란히 선 거북이

터틀 스텝 제7.5단계: 부의 추월차선 타기
- 토끼를 추월하는 거북이

터틀 스텝 제8단계: 연 지출 금액 15배의 자산을 만들어라
- 잠에서 깬 토끼, 결승점 가까이 간 거북이

터틀 스텝 제9단계: 연 지출 25배의 순자산을 만들어라
- 경주에서 이긴 거북이

터틀 스텝 제10단계: 진정한 자유를 찾아라(수동적 소득이 지출의 1.5배가 되게 하라)
- 바다로 휴가 떠나는 자유로운 거북이

◈ 터틀 스텝 제1단계 ◈

건강부터 챙겨라

피곤해서 토끼처럼 낮잠 자는 거북이

지금 거북이는 나태함 그 자체이다. 체중은 불어 있고, 관절은 삐거덕거리는 상태다. 그리고 세상만사가 귀찮다. 의욕이 없다. 하루하루가 그냥 지겹다.

내가 돈을 버는 과정 중에서 후회되는 게 딱 한 가지 있다. 건강을 소홀하게 여겨 많이 해쳤다는 것이다. 다행히 지금은 건강을 많이 되찾은 편이다.

돈 버는 일을 시작하면서 난 내 건강보다 돈에 우선순위를 뒀다. 내 건강이야 어떻게 되든 말든 상관하지 않고 앞만 보고 달렸다. 사업을 시작한 뒤로 엄청난 스트레스를 견디며 지내야 했다. 그러면서 건강이 차츰 나빠진다고는 느꼈지만 '아직은 괜찮아.'라고 무시하며 일과 사업을 계속해나갔다.

사업 초기의 스트레스는 어마어마했다. 충분치 않은 자본, 실패에 대한 두려움, 한정된 시간, 결과를 빨리 내야 한다는 조급함 때문이었다.

일찍이 담배를 배운 나는 하루에 서너 갑씩 피우는 골초였다. 다행히 서른 전에 담배를 끊었지만 문제는 술이었다. 하루가 멀다 하고 폭음하는 경우가 잦았기 때문이다.

아버지는 평생을 알코올 의존증으로 살았다. 그 모습을 보고 절대 술을 마시지 않겠다고 다짐했지만, 술 역시 이른 나이에 마시기 시작해 20대 초반에는 술을 마시지 않으면 잠을 이루지 못하는 지경까지 이르렀다.

미국에 오면서 아내와 한 약속이 술을 줄이겠다는 것이었다. 그리고 첫 이민 생활 5년간은 술을 마시지 않았다. 하지만 사업을 시작하면서 쌓이는 스트레스를 이겨내고자 다시 마시기 시작했다. 잦은 폭음과 함께 폭식을 하게 되자 몸무게가 불어나기 시작했다. 주로 앉아서 하는 직업인지라 허리디스크와 함께 만성요통도 찾아왔다. 더불어 고혈압약도 잘 듣지 않아 복용량을 더 늘리게 되었다. 결국에는 마흔이 되기도 전에 당뇨가 찾아왔다. 또한 스트레스로 인한 불면증과 심각한 위궤양에 시달렸다. 사업 스트레스가 절정이던 시절(아이러니하게도 이때가 가장 돈을 많이 번 시기다)을 거치며, 우울증과 더불어 공황장애까지 찾아왔다.

다행스럽게 이 모든 증상은 꾸준히 약을 복용하고 운동과 취미로 시간을 보내면서 지금은 상당히 좋아진 상태다. 하지만 여전히 몸 관리를 제대로 하지 않은 과거에 대해서는 후회막심이다. 덕분에 이미 생겨버린 혈압과 당뇨 등은 평생 내 몸과 함께하는 반갑지 않은 친구가 되어버렸다.

터틀 스텝 제1단계는 건강관리로 출발한다. 이것은 의무이다. 지금 당장 자신의 몸 상태부터 체크한다. 필요하다면 식단 조절과 운동을 시작하라. 체력과 건강이 받쳐주지 못하면 10단계까지 가기도 전에 지쳐서 포기할 수 있다. 무리하더라도 정신력으로 건강과 체력을 뒷받침하겠다는 것은 바보 같은 생각이다. 마음을 다치게 되어 결국은 우울함과 불안함이 병을 유발하기 때문이다.

건강관리가 꼭 돈을 들여 퍼스널 트레이닝을 받거나 체육관에 등록하라는 뜻은 아니다. 온라인이나 책을 통해서도 충분히 실생활에서 활용할 좋은 건강정보들을 접할 수 있다. 그러니 지금 당장 자신의 체질에 맞는 식단 관리와 쉽게 할 수 있는 운동부터 시작하라. 건강은 그 누구도 자만할 수 없는 영역이다. 인생은 아주 긴 여정이다. 건강을 먼저 챙겨야만 당신이 가고자 하는 목표인 경제적 자유('터틀 스텝 10단계')에 도달할 수 있다. 건강은 선택이 아니라 필수임을 잊지 마라.

자가포식하라

토끼에게 느리다고 놀림당해 약이 오른 거북이

거북이가 아무 생각없이 걷고 있는데 지나가던 토끼가 느리다고 놀려댄다. 약이 올랐지만 토끼가 거북이보다 빠른 것은 사실이다. 하지만 계속 놀려대니 화가 나서 토끼에게 경주를 신청해버리고 싶은 마음이다. 물론 앞이 막막하다. 일단 조금이라도 몸을 가볍게 하기 위해 등에 진 봇짐이라도 먼저 버리기로 마음먹는다.

오스미 요시노리 도쿄공업대학 명예교수는 2016년 오토파지Autophagy 메커니즘을 발견하여 노벨 생리의학상을 수상했는데 연구 내용은 다음과 같다.

우리 몸은 60조 개의 세포로 이루어져 있다. 세포는 주로 단백질로 구성된다. 그런데 사용하고 남은 단백질이 몸 밖으로 배출되지 못할 경우, 세포 내에 쌓여 질병을 초래한다. 흥미로운 것은 우리 몸 안에 섭취되는 영양분이 없으면, 스스로 단백질을 만들어 생존하려고 한다는 것이다. 이때 몸속의 오래된 단백질을 분해해서 새로운 단백질을 생성한다.

각 세포 안에는 수천 개의 미토콘드리아가 있으며, 이것이 ATP Adenosine Tri-Phosphate를 생성한다. ATP는 세포 활동에 필요한 에너지를 공급한다. 건강한 미토콘드리아가 많을수록 사람이 건강과 젊음을 유지하는 이유다. 바로 자가포식(오토파지)에 의해 에너지가 새롭게 생성되기 때문이다. 이 자가포식이 활성화되려면 우리 몸은 16시간 정도의 공복을 유지해야 한다. 다이어트 방법으로 유행하는 간헐적 단식이론이 바로 여기에서 나왔다.

터틀 스텝 제1단계에서 건강관리를 했다면 이 자가포식의 원리를 그대로 경제에 적용해보자. 제2단계에서 할 일은 바로 자기가 갖고 있던 부를 '자가포식'하는 것이다. 멀리까지 경주를 해야 하니 최대한 몸을 가볍게 만들어야 한다. 이는 터틀 스텝 제3, 제4단계를 준비하는 일이기도 하다.

예컨대 터틀 스텝 제5단계까지 가기 전에 가장 중요한 단계가 제4단계인 "빚을 최대한 빨리 갚아라."이다. 지금 내 앞에 쌓여 있는 빚을 '자가포식'하기 바란다. 가장 먼저 빚이 있음에도 차를 가지고 있다면 팔아야 한다. 당신이 일하는 데 반드시 차가 필요하지 않을 경우를 말한다.

미국자동차협회인 '트리플 A The American Automobile Association'가 밝힌 한 해 자동차 유지 평균 비용은 이렇다.

① 연료: 1,268달러

② 타이어 교체 및 수리: 150달러

③ 고장 수리나 관리 비용: 792달러

④ 보험: 1,222달러

⑤ 등록비, 세금 등 기타 비용: 687달러

⑥ 오토론 비용: 6,360달러

총: 10,490달러

차 한 대를 1년 소유하는 데 1만 달러가 넘게 든다. 더 놀라운 것은 감가상각이 1년에 평균 차 가격의 40% 정도로 평균 금액은 3,654달러이다. 이 감가상각 금액은 위의 차 한 대를 소유하는 데 필요한 10,490달러에 포함되지 않은 금액이다. 실로 큰 금액이 아닐 수 없다. 이것만 아껴도 터틀 스텝 제4단계인 빚 갚기에 상당한 도움이 된다. 차가 반드시 필요한 직업이라면 할부금을 내지 않도록 돈을 아껴 최대한 빨리 갚아야 한다.

내겐 회사업무용 차와 개인차를 합쳐 6대가 있는데 모두 대출이 없다. 대출 없이 현금으로 차를 샀기 때문이다. 그럼에도 '트리플 A'가 발표한 평균 차량 유지비로 계산하면 나 역시 오토론 없이도 1년에 약 6만 3천 달러(자동차 한 대당 10,490달러 x 6대)를 도로에 뿌리고 다니는 것이다.

당신은 혹시 지금 월세나 전세(대출받은 경우)를 살고 있는가? 그렇다면 지금 당장 부모의 집에 들어가 살아라. 그 돈으로 제4단계 목표인 빚을 갚으라는 것이다. 부모의 집이 멀어 들어가 살 수 없는 경우라면 더 싼 곳으로 옮겨라. 미혼이라면 룸메이트를 구해서라도 월세 지출을 최대한 줄이자.

이외에도 주위를 둘러보면 '자가포식'할 수 있는 것들은 널려 있다. 지금은 온라인 중고 시장 등을 통해 쓰지 않는 물건 등을 쉽게 처분할 수 있다. 자가포식은 지금 결정하고 바로 실행해야 한다. 오늘을 넘기지 말고 지금 당장 팔 것들을 정리해서 온라인에 올려라. 이사는 터틀 스텝 제8단계에 도달하기 전까지는 단 한 번이면 족하다. 이사 비용이 만만치 않기 때문이다. 미국 백만장자들 다수의 공통점 중 하나는 한집에 오래 산다는 것이다. 쓸데없는 이사 비용과 수수료를 낭비하고 싶지 않기 때문이다.

고민하면 늦는다. 자가포식을 결정하기까지는 용기와 결단이 필요하다. 일은 저질러야 참여할 수 있다. 일단 저지르면 이미 그 일에 참여한 것이 된다. 제자리에 머물면서 생각만 하는 것, 그리고 공부만 하는 것처럼 어리석은 일은 없다. 시간이 지나면 안 되거나 못 할 이유가 하루에 열 가지도 넘게 생겨난다. 해야만 하는 이유는 단 하나면 충분하다. 하다 보면 거기서 길을 보고 배우게 되기 때문이다. 그리고 자가포식으로 삶이 간소화되면 무엇보다도 다른 중요한 결정을 내리기 쉬워진다.

애플의 스티브 잡스나 페이스북의 마크 저커버그는 같은 옷을 입기로 유명하다. 그들은 옷을 고르는 결정도 자동화한 것이다. '옷 입는 일'을 간소화해서 그 에너지를 다른 결정을 하는 데 쏟는다면 그것도 자가포식의 결과라고 할 수 있다.

사실 나도 의도치는 않게 같은 옷 몇 벌을 돌려 입는다. 아내는 내 옷을 잔뜩 사다놓지만, 난 정해진 몇 가지 옷을 계절에 따라 바꿔가며 입는다. 한때 아내가 계속 잔소리를 해서 회사 유니폼을 만들어 그것만 입고 다녔던 기억도 난다. 일하러 나가면 여러 결정을 하는 등 머리 써야 하는 일이 많은데 굳이 옷 고르는 일에 시간을 빼앗기고 싶지 않다. 여러 종류의 옷을 바꾸어가며 입다 보면 자칫 불편할 수 있는 옷을 입을 수도 있을 것이다. 나는 당연히 비싼 명품 옷을 잘 입지 않는다. 비싼 옷은 행여나 찢어질까 봐 더러워질까 봐 조심하느라 불편할 뿐만 아니라, 옷을 고르고 사고 관리하는 데 비용도 만만치 않게 든다는 생각 때문이다.

◈ 터틀 스텝 제3단계 ◈

지금 소득보다 20%를 늘려라

토끼에게 장거리 경주를 제안하는 거북이

드디어 거북이가 마음을 먹고 토끼에게 무모한 경주를 신청한다. 거북이는 단거리에서 자신이 토끼를 절대 이길 수 없다는 사실을 잘 알고 있다. 그래서 앞에 보이는 산 하나를 넘어가는 장거리 경주를 신청했다. 지구력에는 자신이 있었기 때문이다. 토끼는 의기양양하게 승낙했다. 거북이는 자신의 걸음으로는 도저히 토끼를 이길 수 없다는 걸 안다. 거북이는 그냥 한 걸음 한 걸음, 더 빨리 디뎌보기로 마음먹는다. 그것만이 거북이가 할 수 있는 유일한 방법이기 때문이다.

터틀 스텝 제3단계에서는 두 가지를 해야 한다.

1. 독서를 시작한다

하루에 30분 무조건 책을 읽어라. 이는 습관으로 자동화시켜야 한다. 시간의 낭비를 줄이거나 상황을 바꾸면서 부업 등을 통해 돈을 더 버는 방법을 알려주는 책들을 읽어라. 특히 자신과 같은 처지에 있다가 부자가 된 사람들의 책을 모조리 사다가 읽어라.

밀레니얼의 특징은 전자기기 사용량이 높다는 것이다. 그중 특히 핸드폰 사용률이 높고, 정보를 주로 인터넷을 통해서 얻는다. 직접 전화하는 것보다 문자나 채팅 앱을 이용한 대화를 더 즐긴다. 그야말로 현실과 가상공간의 구분이 없어진 세대다. 밀레니얼에게 가상현실이란 이미 생활 속에서 일어나는 일이다. 단지 자신에게 너무나 익숙해 인지하지 못하는 것뿐이다. 그러다 보니 밀레니얼은 시각적 정보를 즐기고 짧은 기사들을 즐긴다.

주로 소셜미디어를 통해 정보 얻는 것을 좋아한다. 전통적 방식의 신문이나 책 등에서 정보를 얻는 일을 대체로 힘들어 한다. 유튜브 등의 영상 소셜 매체에서 다양한 정보를 얻고 필요한 도움을 받는다. 하지만 책이 주는 집중력과 영감은 시각적 매체들이 주는 것과는 확연히 다르다. 그러니 가능하다면 반드시 책으로 공부를 시작해야 한다. 인터넷에서는 필요한 것들을 찾아서 보충하는 형태로 이용하자.

2. 현재 수입에서 20%를 더 늘릴 방법을 찾는다

지금 하는 일에 더 많은 시간을 투자해서 더 벌거나, 탁월한 능력을 발휘해서 월급을 20% 올려달라고 요구해서 더 버는 것이다. 월급을 높일 수 없다면 부업을 통해 수익을 20% 더 늘려야 한다. 부업은 자기가 좋아하는 일이 아니라 돈을 벌 수 있는 것, 그리고 본인이 잘할 수 있는 일로 찾아야 한다. 그러기 위해서는 다시 첫 번째 방법인 독서가 아주 소중하다. 물론 인터넷 매체를 통해 다방면으로 함께하기 바란다. 하지만 공부하고 연구하는 시간을 갖는 것보다 더 중요한 것은, 준비가 충분치 않아도 최대한 빨리 실행하는 것이다. 실행한 뒤 어려움이 닥치면 그 상황에 맞게 대처하면 된다. 공부하고, 준비하고, 계획하고, 실행하면 늦어질 뿐만 아니라 지칠 수 있다. 반드시 최대한 빨리 실행하라.

찾아보면 생각보다 돈 버는 방법들이 꽤 많다. 물론 말처럼 쉽지는 않을 것이다. 돈 버는 방법은 더 벌든가, 아니면 덜 쓰든가 딱 두 가지다. 우린 이 두 가지를 같이해야 한다. 늦었다고 생각하는 지금이 이미 늦은 게 맞다. 시간은 많은 게 아니다. 미친 듯이 찾아보고 노력해서 제3단계에 급여와 부업으로 20%의 돈을 더 벌어야 한다.

성급하게 사업으로 돈을 벌겠다는 생각은 하지 마라. 아직 충분한 내공을 갖춰지지 않았을 뿐만 아니라 라이프스타일 역시 준비되지 않았을 것이다. 한 번의 사업 실패가 다시 일어나지 못할 정도의 상처를 줄 수도 있다. 실패를 많이 한 자만이 성공한다는 말은 잊어버려도 좋다. 실패 없이 성공할 방법들이 수없이 많은 데 왜 굳이 실패해가며 성공해야 하는가?

거북이가 약삭빠른 토끼와 경주하는 일은 쉽지 않다. 거북이처럼 우직하게 단계를 밟아나가야 한다. 자가포식 같은 경우는 당장 실행해야 하겠지만 사업은 성급하게 시작하지 마라. 사업에 대해서는 다음 단계 터틀 스텝에서 다시 설명하겠다.

제1장 돈 바로 알기에서 나는 "남들보다 두 배 더 일하라."고 말했다. 이렇게 언급한 이유는 특별히 가진 게 없는 처지에서 수입을 올

리려면 일단 노동 소득을 높여야 하기 때문이다. 하지만 두 배로 일하기란 만만치 않다. 내가 말하고자 한 핵심은 일의 능률을 높여 노동 소득을 올리라는 이야기다. 우선 '안 되면 몸으로라도 때우겠다.'라는 마음가짐이 필요하다고 생각해 그렇게 표현했다.

예를 들어 직장인이라면 일의 능률이 다른 이들보다 높다는 것을 보여주면 당연히 상사의 눈에 띌 것이다. 그러면 회사에 필요한 사람이 될 것이고, 그때 연봉을 올려달라고 제안할 수 있다. 일의 능률을 올리는 좋은 방법 중 하나는 '파레토 법칙'Pareto Principle을 이해하는 것이다.

파레토 법칙은 이탈리아의 경제학자 빌프레도 파레토Vilfredo Pareto의 이름에서 유래되었다. 이탈리아 인구의 20%가 이탈리아 전체 부의 80%를 가지고 있다고 주장한 것을 '파레토 법칙' 또는 '80 대 20 법칙(80–20 rule)'이라고 한다. 전체의 20%가 전체 결과의 80%를 차지하는 원인에서 일어나는 현상'을 가리키는 것이다.

예를 들어 기업 매출의 80%가 상위 고객 20%에서 나오는 것(백화점에서 VIP 고객을 따로 두고 관리하는 이유), 고객 불만의 80%가 20%의 고객에서 나오는 것, 일개미들의 20%만이 열심히 일하고 나머지 80%는 게으른 것, 전체 교통사고 80%가 상습적으로 교통사고를 내는 20%의 운전자와 관련이 있다는 것 등이다. 이걸 반대로 생각해보면 우리가 하는 일의 80%가 허비되고 있을 수 있다는 뜻이다. 즉, 당신 업무의 20%가 성과의 80%를 차지할 수 있는 것이다.

이제부터 당신이 하는 업무를 종이에 차례로 적어보라. 가능한 한 자세히 적어라. 적으면서 업무 내용마다 번호를 붙여보자. 그런 다음 중요하지 않은 업무를 순서대로 삭제해보라. 그렇게 해서 남는 나머지 20%의 업무가 바로 당신이 집중해야 하는 업무이다. 그 20%의 업무에 집중할 때 일의 능률이 올라가고, 8시간을 일해도 16시간 일한 이상의 효과를 내게 된다.

지금 어떤 책을 읽는 데 10시간이 걸렸다면, 사실 80%의 내용을 읽은 8시간은 허비했다는 말과 동일하다. 하지만 2시간 분량의 내용이 인생에 도움이 되는 내용이라면 가성비는 나쁘지 않은 것이다.

파레토 법칙은 그간 자기계발서, 마케팅, 경제학 등의 책에서 많이 언급되어 왔다. 그만큼 실제 생활이나 업무에 적용하면 효과가 있다는 의미이다. 만약 사업을 하게 된다면 이 파레토 법칙이 사업 성공에 관건이 될 만큼 중요한 것이다. 나도 파레토 법칙을 내 사업에서 중요하게 적용하고 있다. 여러분도 현재 상황에서 일의 능률을 높이고 노동 소득을 최소 20%는 올릴 수 있도록 꼭 적용해보기 바란다.

◈ 터틀 스텝 제4단계 ◈

빚에서 탈출하라,
최대한 빨리

이미 출발부터 늦은 거북이

경주가 시작되었다. 거칠 것 없는 토끼는 쏜살같이 달려 나간다. 거북이는 한 걸음 한 걸음 디뎌 나가면서도 무모한 일을 벌이는 것은 아닌지 잠시 걱정한다. 하지만 이왕 시작한 경주이니 끝까지 가보자고 마음먹는다. 어차피 잃을 게 없다는 생각이 들었다.

2019년 미국연방준비제도이사회의 조사에 따르면 미국인 40%가 비상금으로 쓸 현금이 400달러도 없다고 답했다. 저축은커녕 대부분의 미국인이 모기지·오토론·신용카드 등의 빚을 기본적으로 가정경제에 깔고 있다.

빚은 물질적으로 우리를 힘들게 한다. 매달 갚아나가야 하기 때문이다. 빚으로 투자한 내 아파트 값이 오른다는 소식을 유일한 낙으로 사는 이들이 간과하는 아주 큰 문제는 빚이 주는 정신적인 짐이다. 빚이 있는 한 정신적 스트레스에서 자유로운 사람은 없다.

부자는 한순간이 아니라 내가 이룩한 부가 오랫동안 지속되어야 한다. 그러기 위해서는 정신적인 건강이 무엇보다 중요하다. 하지만 빚이 주는 정신적인 피폐함은 육신의 건강까지도 병들게 한다. 빚 갚는 순서는 각자의 케이스에 따라 다르겠지만 다음 세 가지 중 하나를 선택해서 갚으면 된다.

첫째, 이자율이 가장 높은 대출부터 갚는다. 미국에서 신용카드 대출의 이자율은 20%에 육박하지만, 주택대출 모기지는 현재 기준 3~4%로도 가능하다. 따라서 신용카드 빚을 갚는 게 먼저이다.

둘째, 감정적으로 스트레스를 많이 주는 빚을 먼저 갚는다. 만약 당신에게 학자금 대출이 있는데, 신용카드 대출보다 낮은 6%의 이자라고 가정해보자. 만약 이 대출이 부모의 도움을 받아 갚는 상황(혹자는 본인이 안 갚아 더 좋다고도 하겠지만)이라면, 가정 형편에 따라 자식에게는 그 일이 엄청난 스트레스일 수 있다.

부자 되는 '터틀 스텝'은 장기간의 프로젝트이므로 스트레스를 조절하는 일이 매우 중요하다. 정신적으로 녹초가 되어버리면 지쳐서 목표를 이뤄내기가 힘들다. 그러니 본인이 처한 상황에 따라 가장 스트레스를 많이 주는 빚부터 갚는 것도 좋은 방법이다.

셋째, 금액에 따라 빚을 갚는 순서를 정한다. 집을 사는 데 받은 대출금은 어차피 단기간에 갚기 쉽지 않다(이미 매입한 경우). 이때는 금액이 적은 순서부터 갚아나가는 것이 순리다. 갚을 때마다 성취감을 느낄 수 있기 때문이다. 그렇게 적은 금액부터 갚고 마지막으로 큰 부채인 주택대출을 장기간 갚아나가는 방법이 현명하다. 물론 주택

부채마저 다 갚아버린다면 금상첨화다. 하지만 터틀 스텝 제4단계에서는 주택부채를 제외한다. 잘못하면 다른 중요한 단계에 가보지도 못한 채 끝날 수 있기 때문이다. 하지만 개인 사정에 맞게 반드시 주택 대출금을 최대한 빨리 갚기 위한 계획을 같이 갖는 것을 권유한다. 액수가 크다고 갚지 않아야 하는 빚이 아니다. 언제가는 반드시 갚아야 할 가장 큰 빚이기 때문이다. 빚이 없는 자기 집을 가질 때의 성취감과 뿌듯함은 이루 말할 수 없이 크며 이후 나의 재정 계획에 큰 도움과 자신감을 안겨준다.

지금 집이 없는 상태라면 터틀 스텝 제8단계 전까지는 사지 않기를 권유한다. 만약에 샀다면 주택을 사기 위해 사용한 대출금을 제외한 모든 빚을 갚도록 하자.

빚 갚는 방법에 대해서는 '눈덩이 굴리기 빚 갚기 방법'Debt Snowball Method, '산사태 빚 갚기 방법'Debt Avalanche Method, '쓰나미 빚 갚기 방법'Debt Tsunami Method 등의 이름으로 유튜브와 책에 소개되고 있다. 그것들을 찾아 자신에게 맞는 방법으로 시행하기 바란다. 이 책에서는 그런 기술적인 문제에 대한 방법론은 논의하지 않는다. 개인마다 상황에 차이가 있을 수 있고 또한 그런 정보는 비교적 쉽게 찾아서 따라 할 수 있기 때문이다. 그 정도는 본인 스스로 찾아서 해야 자기만의 방법이 만들어진다.

사실 지금의 금융 시스템에서 빚을 갚는다는 건 그만큼의 돈이 금융시장에 적게 돈다는 것을 의미한다. 그렇게 되면 누군가는 결국 이자를 갚을 수 없는 상황에 처한다. 자본주의하에서 유동하는 돈이 부족해진다는 것은 소비가 줄어든다는 것을 의미한다. 그러면 기업은 투자를 줄이게 되고 고용이 줄게 된다. 더불어 돈의 가치가 오르고 빚은 더 크게 증가한다. 그러면 '누군가'는 반드시 파산하게 된다. 그 '누군가'란 바로 수입이 적은 데 빚이 많은 사람들이다. 그리고 금융 지식이 부족한 사람들이다. 안타깝게도 이게 현실이다. 당신은 그 '누군가'에 속하지 않길 바란다. 그러려면 최대한 빨리 빚을 갚아야 한다.

내 플라이 피싱 선생은 이 분야의 유명한 프로이다. 그와 함께 낚시를 가면 한 가지 확실히 다른 점이 있다. 바로 다른 사람이 물고기를 잘 잡지 못해도 그는 잘 잡는다는 것이다. 그는 이렇게 말한다.

"물고기가 먹이를 먹는 시간대는 낚시꾼의 실력에 상관없이 물고기가 다 잘 낚입니다. 하지만 플라이피셔맨의 실력은 물고기의 식사 시간이 지나고 나서 나타납니다. 배부른 물고기는 더 이상 미끼를 물지 않을 테니까요. 하지만 미끼인 모형파리의 종류와 크기, 색깔이 진짜 그 시간대에 부화하는 파리, 즉 실제 물속의 자연적인 상태와 맞게 맞추고 정교한 낚시기술로 물 안에서 그 모형파리가 살아있는 것처럼 보이게 해서 물고기를 낚는 것입니다."

진짜 실력은 위기에 빛을 발하는 법이다. 모두가 위기에 빠져 허덕일 때, 빚이 없는 사람들은 유유히 자신의 일을 할 수 있다. 빚을 먼저 갚아야 할 이유는 수백 번 강조해도 과언이 아닐 정도로 중요하다.

당신이 20년 후에 편안한 삶을 살려면 지금 당장 빚부터 갚아라!

◈ 터틀 스텝 제5단계 ◈

1만 달러를 모아라

경주 초반 여전히 토끼에게 한참 처진 거북이

토끼는 예상대로 빠르다. 거북이는 부모에게 물려받은 토끼의 빠른 발이 부럽다. 하지만 '부러워한다고 내 발이 더 빨라지지는 않는다.'라고 생각한 거북이는 또다시 묵묵히 한 걸음을 내딛는다. 결승점은 멀었으니 아직은 포기하기 이르다고 생각하면서….

이 단계까지 왔다면 절반의 성공이다. 축하한다고 말하고 싶다. 마침내 부자가 될 수 있는 진짜 단계에 들어섰다. 빚을 갚고 나서 느끼는 그 성취감과 정신적 안도감은 앞으로의 삶에서 그 어떤 것과도 바꿀 수 없는 소중한 감정과 경험이 되어 있을 것이다.

현실은 부자 되기 경주 출발선에서 막 출발한 상태이다. 토끼는 이미 멀리 달아나버렸지만 거북이는 이제 겨우 출발선에서 조금 떨어진 정도이다. 하지만 걱정할 게 없다. 앞선 단계들로 몸과 마음은 건강한 상태이다. 의욕이 충만해 있고, 쓸데없는 무거운 짐은 모두 벗어 던져버린 최상의 컨디션이다.

이제부터 해볼 만한 경주가 될 것이다. 지금부터 버는 돈은 무조건 당신의 돈이다. 은행에 갚아야 할 빚도 없고, 상환해야 할 학자금 대출도 없다. 주택대출이 있다 해도 현재 상황에서는 저금리로 빌렸을 것이니 그나마 다행이다.

우선 1만 달러를 모아야 한다. 최대한 빨리 모을수록 좋다. 제6단계부터는 이 돈을 종잣돈 삼아 불려나갈 것이다. '겨우 1만 달러로 무엇을 할 수 있을까?'라고 생각하며 고개를 갸우뚱할지도 모른다. 하지만 지금 시점에서 중요한 것은 더 큰 목돈을 만들기 위해 시간을 허비하는 것이 아니라 최대한 빨리 투자의 실행에 들어가야 한다.

우린 천천히, 우직한 방법으로 한 걸음씩 나갈 것이다. 지금쯤이면 하루 30분씩의 독서 습관도 어느 정도 자동화되어 있을 것이다. 터틀 스텝 제5단계에서 가장 중요한 것은 흔들리지 않게 다시 한번 스스로를 바로잡는 것이다.

제5단계까지 오면서 접했을 세상의 여러 정보 때문에 많은 생각이 들게 된다. 빚을 갚으며 바보처럼 우직하게 여기까지 왔는데, 들리는 소문에 의하면 어떤 누구는 저금리로 빚을 내어 작년에 투자한 아파트가 이미 1억 넘게 올랐다거나 또 다른 누구는 주식투자를 해서 수천만 원을 한 달 만에 벌었다고 한다. 그러면 불안해진다.

이 불안해지는 마음을 'FOMO'라고 부른다. 풀어 쓰면 'Fear Of Missing Out(놓치는 것에 대한 두려움)'으로 남들이 갖고 있는 것을 나만 갖지 못했다는 불안감을 표현한 말이다. 자신만 소외되는 듯한 불안감이다. 다시 한번 말하지만 다른 사람의 삶을 보고 살면 정말 피곤해진다. 아파트 값이 1억 원 올랐다고 좋아하는 것은 마치 자린고비가 천장에 매달아놓은 굴비를 보는 것과 같다. 내가 부동산 사업을 부업으로 하지만, 같은 지역에 부채가 거의 없는 집 두 채 이상을 가지고 있지 않는 한 돈을 벌 수 없기 때문이다.

예를 들어 철수가 강남에 아파트를 3년 동안 가지고 있다고 가정해보자. 최근에 아파트가 많이 올라 팔아서 이익을 실현하고 싶다. 그런데 강남의 학군이나 생활환경이 마음에 들어 지금 사는 아파트를 팔아도 다시 강남에 남고 싶다. 그런데 철수의 집만 오른 게 아니라 옆 동네에 사는 영희의 집도 같이 올랐으므로 이사를 가더라도 남는 게 없고, 중개수수료와 세금만 내게 된다. 혹자는 이렇게 이야기할 수 있다. 강남의 집을 팔고 지방으로 가면 되지 않느냐고. 하지만 '라이프스타일 인플레이션Lifestyle Inflation'이라는 말이 있다. 원래 뜻은 개인의 소득이 오를수록 개인의 지출도 같이 오른다는 뜻이다. 하지만 이 라이프스타일 인플레이션은 우리 생활 전반에 모두 적용된다. 강남 생활에 적응이 된 사람은 지방에 가서 살기가 쉽지 않다. 자기가 살던 생활 수준보다 낮은 수준에서 살 수 있는 경우는 은퇴 후 딱 한 번뿐이다.

그런데 강남에 아파트 두 채를 빚 없이 가진 사람이 있다면 이미 그는 당신의 적수가 아니다. 그는 당신과 경주하는 토끼가 아니라 그의 보스인 사자다. 사자와 시합하다 잘못하면 잡아먹힐 수도 있다. 그러니 사자와 경주를 할 필요가 없다. 굳이 그들만의 리그에 낄 필요가 없는 것이다.

사자와 같은 사람은 앞으로도 더 쉽게 돈을 벌 것이다. 금융자본주의에서는 금융이 산업을 지배하기 때문에 당연히 그렇다. 부익부 빈익빈은 훨씬 더 심해질 것이다. 하지만 천천히, 그러나 결국은 부자가 될 것이니 크게 걱정하지 않아도 된다.

국가는 세금을 높여 집값을 잡으려고 한다. 그런데 집값이 떨어지면 가계가 긴축재정으로 들어가 소비가 줄어든다. 그러면 돈이 돌지 않는 경제문제가 생기므로 국가는 집값 떨어뜨리기를 망설이지만 결국은 떨어뜨리려고 한다. 부동산 문제가 국가경제 자체의 뇌관이 될 가망이 크기 때문이다. 아무리 생각해봐도 한국 평균 급여 수준과 서울의 아파트 가격은 비정상으로 보인다. 또한 인구감소 문제, 도시 공동화 현상 등으로 미루어볼 때 집값이 오를 만한 이유도 없어 보인다.

나는 부동산 투자 시 현금 흐름에만 집중한다. 부동산 가격이 올라도 돈을 버는 자본이득에는 큰 관심이 없다. 행여 끝없이 오른다고 해도 굳이 거기에 끼어들어 평생 주택대출금을 갚기 위해 재정적으로나 심리적으로 답답한 인생을 살 필요가 없다고 생각하기 때문이다. 한 번 사는 인생 아닌가?

나는 상가를 사서 3년 만에 두 배 가격으로 팔아 본 경험이 있다. 투자할 때는 엄청난 수익을 거둘 거라 생각했다. 그런데 2년 동안 상가를 고치고, 세금을 내고, 수수료 등을 낸 걸 정산해보니 남은 수익이 너무 적었다. 그러니 주변 상황에 흔들리지 않기 바란다.

터틀 스텝 제1~제4단계에서 차든 옷이든 가능한 모든 것들을 최대한 처분해서 몸을 가볍게 만들고, 건강을 유지하며 빚 갚는 법을 연습하자고 한 이유가 이것이다. 이렇게 해서 터틀 스텝 제5단계에 이르면 비싼 차나 명품에 눈이 돌아가지 않는다. 내가 명품이 되면 내가 타는 차, 내가 입는 옷은 가격에 상관없이 모두 명품이 된다. 명품 옷과 비싼 차를 리스해서 타고 다닌다고 해서 부자가 되는 것이 아니다. 나를 명품으로 만드는 것은 진정한 부자가 되는 것이다. 돈을 번다는 것은 정직한 마음가짐과 성실한 생활철학이 큰 역할을 차지한다.

'FOMO'와 '라이프스타일 인플레이션'에 흔들리지 않는 내가 되도록 다시 한번 마음을 다잡고 최대한 빨리 1만 달러를 모아라. 그렇게 제6단계로 넘어가면 돈이 마법을 부리기 시작한다.

5천 달러는 응급 자금으로 저축하고, 남은 5천 달러로 투자 시작

잠든 토끼, 그리고 느리지만 계속 걷는 거북이

빠른 발로 이미 충분히 앞서간 토끼가 뒤를 돌아보니 거북이는 보이지도 않는다. 낮잠을 자고 가도 충분히 이길 것 같아 나무 밑에 자리 잡고 눈을 감는다. 한참 뒤처져 걸어오던 거북이는 저 멀리 누워 있는 토끼 모습을 발견하고는 힘이 난다. 기회가 온 것이다!

열심히 빚을 갚은 뒤 모은 1만 달러는 너무나도 소중하다. 이렇게 모은 돈은 힘이 있어서 쉽게 흩어지지 않는다. 일단 제5단계에서 모은 1만 달러 중 5천 달러는 응급자금용으로 통장에 넣어둔다. 혹시라도 아프거나 몸을 다쳤을 때 사용할 의료비와 그때 일을 못 하게 되면 사용할 생활비로 저축해두는 것이다. 그런 상황이 생기면 안 되지만 이렇게 준비해두면 터틀 스텝 단계를 후진할 필요가 없다. 이제 나머지 5천 달러는 어떤 투자를 시작할 것인가?

중요한 것은 내가 원하는 투자수익을 정하는 것이다. 지금은 누구나 알듯 저금리시대이고 당분간은 저금리가 유지될 것이다. 또한 현재 세계 다수 국가의 중앙은행은 0%대의 금리를 유지하거나 심지어 마이너스 금리를 택하는 나라도 있다. 2020년 7월 기준 한국은행의 기준 금리 역시 0.5%다. 저금리시대에는 금리에 투자하기가 쉽지 않다. 사실 금리에 하는 투자가 가장 쉽고 안전한 투자다. 우리 부모 세대에는 10~15% 예금 금리를 받았다는 전설적인 실화들을 지금도 가끔 듣곤 한다.

앞으로 이런 일들은 생기지 않을 것이다. 그래서 현재 많은 사람이 예금이나 적금 등 금리에 투자하지 않고 주식이나 부동산에 투자해 수익률을 올리려 한다. 저금리 기조로 이미 주식이나 부동산의 자산 가격이 상승해 있다는 건 누구나 알고 있다. 미국은 주식 가격이, 한국은 부동산 가격이 상승해 있다. 그렇기에 금리에 투자(은행 예·적금 이자)했던 사람과 주식이나 부동산에 투자한 사람과의 자산평가액에 격차가 나는 것이 사실이다. 문제는 이런 상황이 지속되면 부의 양극화가 심해지고, 더 큰 문제는 부풀어 오른 자산의 가치가 언젠가는 터진다는 사실이다. 지금의 자산시장은 상당히 매력적으로 보이지만 언젠가는 터질 것이다. 그런데 그 부동산과 주식이라는 매력에 빠져, '빚투'로 뜨거운 불에 달려드는 불나방이 되어버린 청춘들을 보면 걱정이 앞설 수밖에 없다.

그렇다면 지금 이 시기에 어느 정도의 투자수익을 목표로 잡아야 할지 고민에 빠진다. 이 고민에 대한 최고의 해답을 알려주는 책 한 권을 소개한다. 바로 박경철 저자의 《시골의사의 부자경제학》이다. 로버트 기요사키의 《부자 아빠, 가난한 아빠》도 나의 경제 관념에 영향을 미쳤고 돈 벌기를 시작함에 있어 중요한 역할을 했다. 하지만 기요사키의 책은 생각보다 깊이가 없어서 이후의 책들에서 그 수준이 들통나고 말았다. 반면 투자를 하고 싶었으나 어떻게 해야 할지 몰라 막막하던 내게 투자 개념을 잡는 최고의 도움을 준 선물 같은 책이 바로 《시골의사의 부자경제학》이다(또 다른 그의 책 《자기 혁명》도 열 번을 읽어도 아깝지 않다).

저자 박경철은 외과의사이면서 경제에 대한 해박한 지식으로 투자론 등을 강의했다. 이 책은 2006년 발간됐지만 현재 상황에도 유용하며 금리와 투자에 대한 전반적인 이해를 도와준다. 그가 설명하는 투자에 대한 조언과 특히 수익률 목표에 대한 의견은 절대 놓치지 않기 바란다. 그는 투자목표가 물가상승률보다 높아야 하고 특히 중간에 손실이 없는 방법을 택하는 것이 최고라고 주장한다.

보통 물가상승률이 연 3%라면 투자수익률은 그보다 높아야 하고 그 대신 손실을 최소화하는 방법을 찾아야 한다. 예를 들어 연 5%가 나의 투자수익 목표라고 가정해보자. 올해 5%의 수익을 냈는데 내년에 -5%의 수익이 나면 다음 해에 다시 5%의 수익을 내기 위해서는 최소한 10%의 수익을 내야 한다. 그래서 손실을 최소화하는 일이 매우 중요하다.

부자 되는 터틀 스텝 프로젝트에서는 연 5~7% 정도의 수익률을 목표로 한다. 주변에서 30% 수익을 냈다는 말에는 거품이 있을 수 있고 기복적인 현상으로 나타난 것일 뿐이다. 그것은 마치 천장에 매달아놓고 먹지 못하는 굴비 같은 것이다. 우리는 중위험·중수익의 수익률을 목표로 한다. 우리의 목표는 부자로서 은퇴할 노후 준비를 하는 것이다. 그 과정은 먹지 못하는 굴비를 바라보는 일이 아니라 행복을 준비해 나가는 것이다.

5~7%의 수익률을 꾸준히 내기 위해서는 손실을 최소화하는 일이 중요하다. 따라서 수수료가 낮은 상품에 투자하는 것이 좋다. 미국의 경우 보통 재무설계사를 고용하고 투자총액의 1%에서 5%까지 수수료를 지불한다. 고약한 재무설계사의 경우 이 5%를 먼저 떼고 나머지 돈만 투자하는 경우도 있다. 100달러 맡기면 5달러 수수료로 떼고 실제로는 95달러만 운용하는 것이다. 이 경우 투자자가 실제 5%의 수익률을 내려면 그 해에 10%의 수익률을 내야 한다. 세계적인 투자 대가들의 연평균 수익률이 보통 10~20% 사이라는 사실로 볼 때, 이런 경우 재무설계사에게만 좋은 일을 해주는 꼴이 된다. 또한 우리 주변에는 30~40% 수익률을 올렸다고 말하는 사람들이 있다. 대부분 허풍인 경우가 많다.

지금까지 배운 터틀 스텝 제6단계를 정리해보자.

① 중수익·중위험 투자를 한다.

② 목표 투자수익률은 연 5~7%로 잡는다.

③ 수수료가 많이 들지 않는 상품을 택한다.

④ 꾸준히 투자실적이 날 상품을 택한다.

⑤ 이미 수익률이 증명된 상품을 택하는 것이 바람직하며 리스크를 줄이기 위한 분산투자를 권한다.

이 조건을 모두 만족하려면 인덱스에 투자하는 ETF 투자법을 권한다.

투자를 자동화해서 소득의 40%를 투자하고 10만 달러를 만들어라

잠든 토끼와 나란히 선 거북이

거북이가 드디어 토끼 옆을 지나가게 되었다. 경주 시작 후 처음으로 토끼와 같은 위치에 서게 된 것이다. 깨울 필요가 없다. 지금이 기회이기 때문이다. 살금살금, 그러나 발은 최대한 빨리 움직여 토끼를 지나가야 한다.

'ETF'란 S&P500 Index와 같은 특정지수의 수익률을 얻을 수 있도록 설계된 지수연동형펀드Index Fund를 말한다. 뮤추얼펀드와 인덱스펀드의 특성을 결합한 상품이다.

2002년 처음으로 도입된 ETF는 인덱스펀드와는 달리 거래소에 상장돼 일반 주식처럼 자유롭게 사고팔 수 있다. ETF는 지수를 추종하는 지수연동형 ETFIndex ETFs, 주식 ETFStock ETFs, 채권 ETFBond ETFs, 현물 ETFCommodity ETFs, 인버스 ETFInverse ETFs, 레버리지 ETFLeveraged ETFs 등 종류가 많다. 그중 터틀 스텝에서 권하는 종류는 '지수연동형 ETF'다.

ETF를 정확하게 이해하려면 뮤추얼펀드Mutual Fund, 인덱스펀드Index Fund, 그리고 ETF 세 가지를 동시에 이해해야 한다.

1. 뮤추얼펀드

여러 투자가들의 돈을 모아 펀드매니저가 주식 등을 대거 매입한다. 대신 투자를 해주는 것이다. 우리가 직접 100개 회사의 주식을 산다면 회사에 대한 공부, 직접 사는 데 들이는 시간, 살 때마다 소요될 수 있는 비용 등으로 아주 불편할 수 있다. 하지만 뮤추얼펀드의 경우 펀드매니저가 이 일을 대신 해주고 펀드매니저가 운영하는 전체 투자 금액 중 투자한 만큼의 비율에 대한 이익이나 손실금이 주어진다.

- ▶장점: 편리함, 분산 투자 가능, 펀드매니저라는 전문가가 펀드를 운영
- ▶단점: 전문가가 운영Active Management하므로 높은 수수료가 발생함. 수익이 생기든 손실이 생기든 상관없이 투자금에서 최소 1~2%가 운영 수수료로 나감

2. 인덱스펀드

1975년, 존 보글John Bogle이 뮤추얼펀드의 단점을 보완하기 위해 만든 투자 방법이다. 주식시장의 샘플로 대표되는 지수Index를 추종하는 펀드를 만든 것이다. S&P500 Index를 대표적인 예로 들 수 있다. 미국에서 시가 총액이 가장 큰 500개 회사의 평균을 나타낸 것을 말하며, 보통 "오늘은 10포인트 올랐다."라는 식의 포인트로 설명된

다. 존 보글이 만들었으나 이름이 바뀌었다. 지금 사용되는 투자 상품은 '뱅가드Vanguard'라는 회사에서 운용하는 Vanguard S&P500 Index Fund다.

▶장점: 분산되어 있으며 투자하기 간편함. 펀드매니저가 운영하는 방식이 아닌 지수를 추종하는 수동형 펀드Passive Management라 수수료가 낮음. 실제 Vanguard S&P500 Index Fund의 수수료는 0.04%임

▶단점: 지수를 구성하는 종목을 마음대로 바꿀 수 없음. 구성 종목 교체가 어려움. 장기투자에 어울리는 상품

3. 지수연동형 ETF

인덱스펀드와 아주 비슷하나 주식처럼 언제든 사고팔 수 있다. 인덱스펀드의 경우, 하루에 한 번만 사고팔 수 있다면 ETF는 주식과 같이 하루에 원하는 만큼 사고팔 수 있다.

▶장점: 인덱스펀드의 장점과 같음

▶단점: 중위험·중수익으로 단기 수익보다는 장기 수익을 바라고 하는 장기투자에 유리함(사실 우리에게 이건 단점이 아니다)

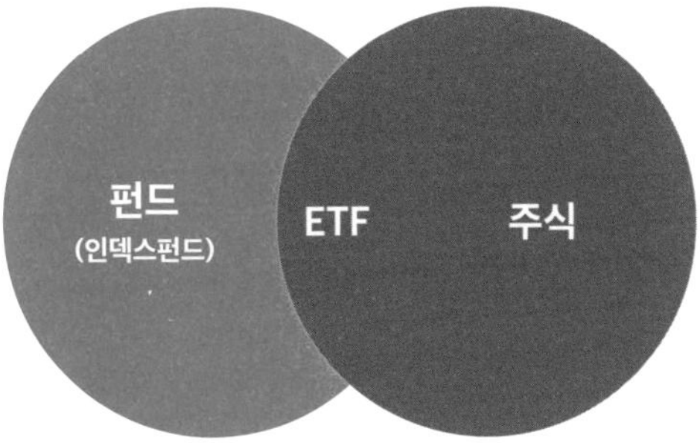

다시 말해 지수연동형 ETF는 투자자들이 개별 주식을 고르는 수고를 하지 않아도 되는 펀드 투자의 장점과, 언제든지 시장에서 원하는 가격에 매매할 수 있는 주식투자의 장점을 모두 가진 상품으로 인덱스펀드와 주식의 장점을 합쳐놓은 것이라고 생각하면 맞다. 혹자는 ETF의 이런 주식과 같은 특성 때문에 오히려 장기투자에 방해가 될 수 있다고 말한다. 하지만 터틀 스텝 제7단계까지 온 당신이라면 주식시장의 변동성 정도에 흔들리거나 주식을 쉽게 팔아버리는 실수를 범하지 않으리라고 믿는다. '오마하의 현인'으로 불리는 세계적인 투자 대가 워런 버핏이 2013년 주주총회에서 "자신의 사후에 자금 가운데 10%는 미국 국채 단기물에 투자하고, 나머지 90%는 미국 증시 S&P500 지수형 펀드에 투자하라."고 한 말을 떠올려보자.

《해외 ETF 백과사전》의 저자 김태현은 ETF의 장점을 이렇게 말한다.

① 자동으로 분산 투자가 가능하다.

② 소액 투자가 가능하다.

③ 운영 보수와 거래 수수료가 저렴하다.

④ 다양한 투자 대상과 방법이 있다.

⑤ 스마트폰에서 쉬운 거래가 가능하다.

⑥ 공개된 정보가 많아 시간이 절약된다.

⑦ ETF 운영이 투명하다.

⑧ 상승장과 하락장 양방향 투자가 가능하다.

저자가 밝힌 해외 ETF 투자 장점 중 몇 가지도 소개한다.

(1) 달러로 투자한다

해외의 경제 상황에 따라 한국의 원화 변동성이 커지는 경우가 많은데, 이때 달러로 직접 투자되는 해외 ETF를 가지고 있으면 안전 자산인 달러가 곧 원화 변동성에 대한 헤지가 된다.

(2) 분배금을 지급하는 경우가 많다

미국 주식의 평균 배당률은 2% 정도이다. 10만 달러를 투자했다면 1년에 2천 달러의 배당금이 나오는 것이다.

(3) 해외, 특히 미국 주식 묶음을 저렴한 가격에 얻을 수 있다

S&P500 지수 ETF에 포함된 500개 기업의 상위 5개 종목 중 하나가 아마존인데, 2020년 6월 기준으로 1주에 3,100달러가 넘는다. 개별 종목으로 아마존을 사려면 몇 주만 사도 부담스러운 가격이지만 ETF를 이용하면 적은 돈으로 아마존 같은 미국 대형주를 가질 수 있다. 미국 주식시장의 시가 총액은 전 세계 주식시장 시가 총액 비중의 40% 정도다. 한국 주식시장은 그 비중이 2% 정도다.

부자 되는 '터틀 스텝'에서는 많은 ETF 중 해외 ETF, 그중에서도 미국 ETF에 투자하기를 권한다. 좀 더 알고 싶다면 소개한 김태현의 《해외 ETF 백과사전》을 읽어보라. 그리고 본인에게 맞고, 본인이 잘 아는 분야의 섹션을 찾아 투자하거나 고배당 ETF에 투자해보라. 국내와 해외, 특히 저자가 추천하려는 미국 ETF에 대한 설명을 잘해놓았다.

ETF 투자는 아주 쉽다. 참고로 두 가지 ETF 펀드의 예를 보여주고자 한다. 나머지는 직접 공부해서 스스로에게 맞는 ETF를 찾아 투자하길 바란다.

ETF 펀드 투자의 예

1) SPY(SPDR S&P500 ETF Trust)

- 추종 지수: S&P500 Index
- 운영 보수: 0.09%
- 1주 당 가격: 320달러(2020년 7월 24일 기준)
- 배당률: 1.75%(2020년 7월 24일 기준)
- 수익률(2020년 7월 24일 기준)

2) QQQ(Invesco QQQ Trust)

- 추종 지수: Nasdaq100 Index
- 운영 보수: 0.20%
- 1주 당 가격: 255달러(2020년 7월 24일 기준)
- 배당률: 0.61%(2020년 7월 24일 기준)
- 수익률(2020년 7월 24일 기준)

[표 4-2]와 [표 4-3]으로 소개하는 펀드는 실제로 내가 투자 중이다. 보다시피 수익률이 꾸준하고 예금 이자처럼 배당금도 준다. 하지

1개월	2개월	3개월	4개월
5.45%	12.23%	6.40%	50.41%

[표 4-2] SPY(SPDR S&P500 ETF Trust)

1개월	2개월	3개월	4개월
4.55%	17.75%	31.10%	124.03%

[표 4-3] QQQ(Invesco QQQ Trust)

만 반드시 ETF에 투자할 필요는 없다. 뮤추얼펀드, 인덱스펀드 모두 좋으므로 스스로 공부하고 나서 투자하자. 터틀 스텝 제3단계부터 독서에 관심을 갖고 매일 30분씩 책을 읽으라고 한 이유다. 아마도 여기까지 온 당신은 투자할 주식 역시 쉽게 찾아서 공부할 내공이 갖추어져 있을 것이다.

내가 가장 강조하고 싶은 것은 투자를 자동화해 매달 정해진 날짜에, 정해진 펀드로 수입의 40%가 무조건 적립되게 하라는 것이다. 적금을 넣는다고 생각하자. 이를 꼭 지킨다면 10만 달러를 만드는 일이 생각보다 빨리 달성될 것이다. 이제 부자가 되는 길에 올라선 것이다.

◈ 터틀 스텝 제7.5단계 ◈

부의 추월차선 타기

토끼를 추월하는 거북이

드디어 깊은 잠에 빠진 토끼를 완전히 추월했다. 점점 더 거리를 넓혀서 멀어지자! 거북이는 생애에 없던 속도로 더 부지런히 걷기 시작한다.

한국이나 미국의 부자들 모두 부를 이루는 가장 빠른 방법은 사업소득을 이뤄내는 것이라고 했다. 한국 부자의 경우 사업이나 근로에 따른 소득으로 부자가 된 80.1% 중에서 4분의 3 정도가 사업소득으로 부를 이루었다. 부자가 되는 원천으로 근로소득보다는 사업소득이 더 효과적임을 알 수 있다. 미국 백만장자의 66%는 자기 사업을 소유했다고 밝혔다. 나도 사업소득이 부의 추월차선에 올라서는 지름길이었다. 사업소득은 마치 '무빙워크'와 같다. 나도 걷지만, 무빙워크가 더 쉽고 빠르게 목표에 도달하도록 도와주는 것이다.

터틀 스텝 제7단계부터는 소득의 40%를 투자해가며 10만 달러를 모으는 것이 목표다. 이때 3만 달러 정도가 모이면 본인만의 사업을 시작할 것을 권한다. 내가 ETF를 권유하는 이유도 주식처럼 쉽게 자금을 유동화할 수 있기 때문이다.

사업을 하다 보면 오늘 당장 돈이 필요한 경우가 생길 수 있다. 사실 말이 사업이지 아직은 자영업에 가깝다. 자영업과 사업의 차이는 내가 그 시스템에 필요하냐 아니냐의 차이다. 내가 모든 걸 다 해야 하고, 내가 없을 때 그 사업이 굴러가지 않는다면 자영업이다. 자영업은 직장과 비슷하다. 한 달에 10만 달러를 넘게 벌더라도 자영업은 자영업이다.

반면에 사업은 내가 그 사업 시스템 내에 꼭 존재해야 하는 것은 아니다. 지시나 감독만으로 그 시스템이 스스로 굴러가서 소득을 안겨주는 것이 사업이다. 여기서 한 발 더 나아가 드마코는 "생산자가 되라."고 조언한다. 그리고 생산자가 되려면 사업가이면서 혁신가가 되어야 한다고 충고한다. 그리고 예지자인 동시에 창조자가 되라고 말한다. 그는 자영업자는 부의 추월차선에서 몇 광년쯤 떨어진 서행 차선을 탄 것이라고 말하지만 나는 그의 말에 동의하지 않는다.

한국에서는 갑자기 창조적인 사업가가 되는 일이 쉽지 않다. 창업 과정은 아무래도 미국이 훨씬 간단하다. 투자금을 모으기도 쉽고 빌리기도 쉽기 때문이다. 또한 처음부터 스스로 알아서 돌아갈 시스템을 갖춘 '사업'하기는 거의 불가능하다고 생각한다. 이미 그렇게 시스템화되어 있는 기존의 사업체를 인수, 합병하지 않는 한 그렇다는 말이다. 우리는 아직 그 정도의 자금이 없고 능력도 되지 않는다. 그래서 자영업을 시작하라고 조언한다.

지금 단계에서 우리의 목표는 '무빙워크'를 만드는 것이지 스스로 돌아가는 시스템을 만드는 것이 아니다. 이 단계까지는 노동 소득을 올리기 위해 노동 시간을 어느 정도 함께 올려 왔다. 이제 그 노동 시간 중 얼마를 할애하여 사업을 시작하는 것이다. 물론 소득의 기본이 되는 직장은 절대로 그만두지 말고 부업을 하기 바란다. 그런 면에서 다음 몇 가지 조건이 있다.

1. 무조건 온라인 사업을 한다

오프라인 사업은 자금이 너무 많이 든다. 그리고 한 번 임대한 사무실이나 상가는 사업이 잘 안 됐을 때 빠져나오기 쉽지 않다.

2. 팔고자 하는 물건은 무조건 아웃소싱한다

재고가 없는 물건보다 보이지 않는 지적 재산을 제공해서 돈을 버는 게 가장 좋은 방법이다. 그런 아이디어가 없다면 온라인 스토어를 추천한다. 이때 무언가를 직접 만들어서 팔 생각을 하지 말고 해외에서 물건을 파는 사이트나 온라인 컨벤션 등을 살펴보라. 놓치고 있는 좋은 물건들이 꽤 있을 것이다. 예전과 달리 미니멈 오더 수량MOQ이 많지 않아도 주문을 받아주는 경우도 꽤 많다.

물론 온라인 스토어가 지금 세계 어느 나라나 포화 상태이다. 하지만 당신이 남들보다 빠른 속도와 시간을 투자한다면 승산이 있다. 우리 주변의 많은 사람이 영어 공부를 하지만 실제로 영어를 잘하는 사람이 많지 않은 것과 같은 이치다. 포화된 시장이란 없다. 더 잘하면 된다. 더 잘할 방법은 속도와 시간, 그리고 디테일에 있다. 치열한 공부를 통한 2%의 다른 디테일은 남과 나를 다르게 보이게 한다. 브랜딩은 결국 디테일의 차이에서 나온다.

3. 창업 초기 자본을 최대한 아끼고 절대로 빚을 내지 않는다

사업 초기 자본을 아끼는 방법의 하나는 직접 모든 걸 다하는 방법이다. 하지만 사업 로고나 디자인 등 내가 할 수 없는 분야는 전문가의 도움을 받아야 함이 당연하다. 이때도 프리랜서 등을 온라인에서 찾아 일을 맡기면 획기적으로 비용을 줄일 수 있다.

내가 지금 진행 중인 소프트웨어 프로그램을 만드는 사업을 소개해본다. 이 사업을 미국에서 의뢰해보니 적게는 50만 달러부터 많게는 100만 달러까지 다양하게 견적이 들어왔다. 너무 비싸다는 생각에 일주일 동안 소프트웨어 프로그래머 프리랜서들이 일하는 거의 모든 웹사이트에서 적임자를 찾아보았다. 그 결과 인도에서 프로그래머를 찾았다. 현재 60% 정도 일이 진행된 상태이고 내가 지금까지 그에게 지불한 돈은 4천 달러다. 아마 1만 달러 내에서 이 프로젝트를 끝낼 수 있을 것 같다. 흥미로웠던 것은 이 프로그래머가 미국 기업의 하청을 받아 실제 내가 원하는 프로그램을 만드는 사람이라는 사실이다.

요즘은 콘테스트를 여는 경우도 있다. 내가 원하는 프로젝트를 자세히 적어서 사이트에 올리면 세계 각국의 다양한 전문가들이 서로 경쟁 형식으로 자신들의 계획을 올린다. 그중 원하는 업체와 원하는 가격으로 계약할 수 있다. 이렇게 자기가 원하는 물건을 디자인해서 중국이나 베트남 등에서 물건을 만들 경우 경비를 크게 줄일 수 있다. 이 방법은 아마존 등의 온라인 셀러들이 많이 택하는 방법이다. 소프트웨어 프로그램은 물론이고 심지어 큰 장비의 섬세한 디자인까지 모두 가능하다. 이게 어떻게 가능한지는 생각해보면 간단하다. 인도의 택시 운전사와 미국의 택시 운전사 중 누가 운전을 더 잘할 것 같은가? 당연히 도로 상태가 좋지 않고 장애물이 많은 인도의 운전사다. 그런데 미국의 운전사들이 훨씬 많은 돈을 번다. 이유는 아주 간단하다. 인도의 운전사들은 임금이 낮은 인도에서 운전하지만, 같은 직업으로 더 환경이 좋은 선진국으로 이민하기가 쉽지 않기 때문이다. 그런데 온라인 세상은 바로 이 이민 장벽을 무너뜨린다.

Freelancer.com, fiverr.com, upwork.com 등 생각보다 많은 곳에서 필요한 프리랜서를 찾을 수 있다. 내 주력 회사는 애니메이션으로 광고를 제작해 마케팅에 사용한다. 그것 역시 웹사이트에서 전문가를 찾아서 해결했다. 물론 대화는 영어로 이루어진다. 영어를 못해서 대화하기 힘든 경우가 많지만 걱정할 필요가 없다. 자세한 설명이 필요한 경우 영어 잘하는 주변 사람에게 부탁하면 된다. 한국에서도 같은 콘셉트로 충분히 필요한 전문가들을 구할 수 있을 것으로 생각한다.

4. 내가 좋아하는 일보다 돈이 될 일을 찾아서 한다

내가 좋아하는 일은 취미다. 취미로 돈을 벌기는 쉽지 않다. 재밌게 할 일보다 돈이 되는 일을 찾아보는 데 시간을 할애하고, 결정하면 그날 바로 사업자 등록을 하라. 저질러야 일은 진행된다.

5. 일정 수익이 6개월 이상 지속되기 전까지는 인건비를 줄인다

내가 사장이고, 고객센터이고, 재고 관리장이다. 모든 것을 나 혼자 해야 한다. 만족할 만한 일정 수익이 6개월 이상 지속되었을 때 도와줄 사람을 고용하라. 그 이전에는 절대로 안 된다.

6. 동업을 고려해본다

우리는 "동업을 하면 사람 잃고 돈도 잃는다."라는 말을 가장 많이 듣는다. 동업이란 게 그만큼 성공하기까지 유지되기 어렵다는 것을 표현한 말이다. 나 역시 동업으로 마음에 큰 상처를 입은 적이 있다. 하지만 혼자서 사업할 여력이 안 된다면 동업하는 것도 괜찮다고 생각한다. 동업자를 잘 만나면 엄청난 시너지를 만들어낼 수 있기 때문이다. 대신 다음 몇 가지 사항은 꼭 명심하자.

첫째, 가까운 친구나 지인 중에서 동업자를 찾지 마라. 온라인상이나 '친구의 친구'를 통해서 필요한 동업자를 찾아라. 처음엔 서로 서먹한 관계에서 시작하는 게 좋다. 그리고 반드시 서로 존칭을 사용하라. 말을 놓으면 서로 함부로 대하게 된다. 그러면 서로 상처받는 일이 생기고 관계가 무너진다.

둘째, 동업 상대로는 성격이 맞는 사람이 아니라 단점을 보완해줄 사람을 찾아라. 명심해라. 친구를 찾는 것이 아니라 사업 파트너를 찾는 것이다. 예를 들어 아이디어가 좋고 추진력이 뛰어나지만 벌여놓은 일을 정리하는 데 약점이 있다면, 그 방면에 강점이 있는 파트너를 찾아라.

셋째, 가장 중요한 문제다. 동업을 결정하기 전 반드시 서로의 지분과 투자비에 관한 돈 이야기를 먼저 매듭짓고 시작하라. 동업의 아픈 경험은 대부분 '좋은 게 좋은 거'라는 식으로 친한 사람들과 시작해서 일어난다. 사업 성과에 따른 수익 분배와 지분에 관한 각자의 생각이 서로 다를 때 충돌하며 오해가 생긴다. 그러므로 반드시 동업을 시작하기 전에 지분을 확실히 정하고, 투자금과 수익 분배에 관한 사항을 정확히 정리해야 한다. 그 내용은 문서화하고 계약서의 형태로 법적 효력을 가지도록 만들어야 한다. 절대 이 말을 무시하지 말고 꼭 문서화한 뒤 쌍방이 서로 서명해야 한다. 그래야 나중에 문제가 없다. 그리고 가능하면 51%의 지분을 갖는 것이 좋다. 51% 지분을 가진 사람이 법적으로 결정권을 가질 확률이 크기 때문이다.

나는 앞서 말한 소프트웨어 개발 프로젝트를 동업하고 있다. 평소에 내가 눈여겨보아온 30대 초반의 젊은 친구에게 제의해 함께 진행 중이다. 자본은 내가 투자했고, 그 친구는 나머지 모든 일을 인도의 개발자와 맡아 처리한다. 사업에 관련된 여러 가지 문제 해결은 내가 하고, 나머지 일은 모두 그 친구가 맡아서 진행하는 것이다. 난 '테크' 쪽으로는 문외한이지만 미국에서 사업을 어떻게 시작해야 하고 어떤 점을 주의해야 하는지 등을 잘 알고 있다. 또한 도움을 줄 변호사와 회계사 등을 많이 알고 있으므로 그쪽에 나의 장점을 살리고 있다. '테크' 분야와 관련된 내가 잘 모르는 지식은 그 친구의 머리를 빌리고 있는 것이다. 지금까지의 내용들을 잘 지켜서 시작한다면 동업으로도 '부의 무빙 워크'에 충분히 올라설 수 있다.

◈ 터틀 스텝 제8단계 ◈

연지출 금액 15배의 자산을 만들어라

잠에서 깬 토끼, 결승점 가까이 간 거북이

결승점이 눈에 보인다. 아뿔싸, 토끼가 잠에서 깨어 앞서가는 거북이를 발견하고 전력 질주로 쫓아온다. 이러다가 따라잡힐 것 같다. 거북이 역시 젖 먹던 힘까지 내서 달린다. 이때 눈앞에 강이 나타난다. 거북이와 토끼 모두 결승점 전에 강이 있는 줄은 몰랐다.

데이비드 바크David Bach가 쓴 《자동으로 부자 되기The Automatic Millionaire》라는 책이 있다. 20대 중반에 이미 잘나가던 재테크 강사였던 저자가 강의를 마친 후 매킨타이어 부부를 만난 일화로 시작한다.

강의가 끝나자 허름한 차림의 매킨타이어 씨가 찾아왔다. 그는 다음 달에 은퇴하려고 하는데 상담하고 싶다고 했다. 50대 초반이었던 그는 30년 동안 한 회사에 다녔고 연봉은 4만 달러 정도였다. 급여가 많지 않은 평범한 회사원이었다. 그런데 아내와 함께 온 그의 재산 목록을 보고 데이비드는 크게 놀랐다.

매킨타이어 씨는 집 두 채를 소유하고 있었다. 그중 하나는 그들이 살고 다른 하나는 세를 주고 있었다. 집값은 하나가 45만 달러, 다른 하나가 25만 달러 정도 되었다. 그리고 매킨타이어 씨가 회사를 통해 가입한 퇴직연금(401K) 예상 수령액이 61만 달러, 아내가 들어놓은 연금이 16만 달러와 71,000달러 두 가지에다 지방채가 65,200달러가 있었다. 그들은 차가 3대 있었지만 부채는 전혀 없었다. 또한 이자와 배당수익, 그리고 임대수익으로 들어오는 수익이 매년 26,000달러 정도 됐다.

많이 들어본 스토리 같지 않은가? 은행에 다닌다는 내 친구 이야기와 아주 흡사하다. 다시 말하지만 그 친구 역시 실제 인물이다.

이 부부를 만나고 데이비드는 부자가 되는 법을 완전히 새롭게 생각하게 되었다. 가장 큰 두 가지 방법은 바로 돈을 아끼고 그 돈으로 복리 투자를 하라고 했다.

특히 그는 '라테 요인Latte Factor'이라는 것을 생각해냈는데, 여기서 라테는 커피숍에서 사 먹는 라테를 말한다. 하루 3달러 라테 한 잔을 먹지 않고 저축하면 한 달이면 90달러, 1년이면 1,080달러를 저축할 수 있고, 10년이면 10,800달러를 저축할 수 있다. 더 놀라운 것은 여기에 복리의 수익이 더해지면 시간이 마법을 부린다.

예를 들어 라테와 머핀 한 개씩 세트로 산 가격을 5달러라고 할 때, 이를 아끼면 1주일에 35달러, 매월 150달러를 아낄 수 있다. 이 150달러를 연수익률 10% 상품에 투자한다고 가정해보자. 겨우 5달러를 아꼈을 뿐이지만 15년이면 5만 달러가 넘는다.

1년이면 165달러

2년이면 3,465달러

5년이면 10,073달러

10년이면 26,296달러

15년이면 52,424달러

워런 버핏이 자신이 부자가 된 이유 중 하나로 '오래 살아서'라는 대답을 한 이유를 이해할 만하다. 수익이 시간과 만나면 마법을 부리기 때문이다.

물론 이때 조건이 있다. 펀드 상품의 수익률이 10%이고, 그 10%가 유지되어야 하므로 중간에 돈을 빼지 않고 장기적으로 투자해야 한다는 것이다. 가능한 말이 아니라고 생각하는가? 터틀 스텝 제7단계에서 소개한 ETF 상품 'QQQ'의 수익률을 다시 한번 보기 바란다.

나는 터틀 스텝 제7단계에서 수입의 40%를 투자하라고 했다. 수입이 터틀 스텝 단계를 거쳐 오면서 3천 달러로 늘었다고 가정해보자. 그중 40%인 1,200달러를 펀드에 매달 투자할 수 있을 것이다.

월 1,200달러를 QQQ에 투자해 연수익 10%를 복리 이자로 키웠을 경우를 계산해보자. 여기에 터틀 스텝 제6단계에서 1만 달러 중 5천 달러로 투자를 시작하고, 나머지 5천 달러는 응급 자금으로 남겨두기로 한 것을 기억할 것이다. 시작 금액 5천 달러와 함께 정리해보자.

ETF 펀드 5년 장기투자 시 투자 금액 변화				
시작 금액	5,000달러	▶	기초 잔고	5,000달러
월 투자액	1,200달러		실 투자 금액	72,000달러
투자 기간	5년		수익 금액	24,925달러
연 수익률	10%		총 투자 가치	101,925달러

ETF 펀드 10년 장기투자 시 투자 금액 변화				
시작 금액	5,000달러	▶	기초 잔고	5,000달러
월 투자액	1,200달러		실 투자 금액	144,000 달러
투자 기간	10년		수익 금액	112,397달러
연 수익률	10%		총 투자 가치	261,397달러

ETF 펀드 20년 장기투자 시 투자 금액 변화				
시작 금액	5,000달러	▶	기초 잔고	5,000달러
월 투자액	1,200달러		실 투자 금액	288,000달러
투자 기간	20년		수익 금액	662,476달러
연 수익률	10%		총 투자 가치	955,476달러

ETF 펀드 30년 장기투자 시 투자 금액 변화				
시작 금액	5,000달러	▶	기초 잔고	5,000달러
월 투자액	1,200달러		실 투자 금액	432,000달러
투자 기간	30년		수익 금액	2,397,377달러
연 수익률	10%		총 투자 가치	2,834,377달러

표 [4-4] ETF 펀드 장기투자 시 투자 금액 변화

[표 4-4] ETF 펀드 장기투자 시 투자 금액 변화에서 볼 수 있듯이 시작 금액은 5천 달러이다. 그런데 매달 1,200달러씩 적립식으로 투자해서 연 10%의 수익을 올릴 경우 30년 동안의 투자 수익만 무

려 240만 달러에 가까워진다.

만약 투자 금액이 1만 달러로 시작하고 월 2,400달러를 같은 방법으로 한다면, 30년 후 투자수익은 약 480만 달러가 되며 총 투자 가치는 566만 8천 달러가 된다. 혹자는 터틀 스텝 제6단계에서 1만 달러, 그중에서도 겨우 5천 달러로 시작해서 얼마를 모을 수 있을까라고 걱정했을 수도 있다. 하지만 시간과 적립식 투자가 만나서 만들어내는 투자 이익은 실로 어마어마하다.

이번 터틀 스텝 제8단계에서는 연 지출 규모의 15배를 자산으로 모으는 것이 목표이다. 여기까지 오면서 이미 앞선 단계들로 당신의 지출 규모는 상당히 줄었을 것이다.

월 투자금을 포함한 1년 지출액이 4만 달러라고 가정해보자. 그럼 그 금액의 15배인 60만 달러를 모으는 것이 이 단계의 목표다. 사실 제8단계까지만 와도 돈 걱정을 할 필요가 없다.

아주 보수적으로 생각해서 투자수익률이 4%밖에 나오지 않는다고 가정해보자. 그러면 지출액의 15배인 60만 달러의 4%, 즉 2만 4천 달러가 매년 수익으로 나오게 된다. 여기에 관해서는 다음 제9단계에서 더 자세히 설명하게 될 것이다. 개인적으로 이 단계까지 도달하는 데 걸리는 기간은 시작부터 15년 정도 걸린다고 생각한다. 또한 이 제8단계를 진행 중에 1년 지출액의 7~8배까지 모았다면 이제 레버리지를 사용해도 된다.

롭 무어Rob Moore는 그의 책 《레버리지Leverage》에서 레버리지 철학을 이렇게 설명한다.

"무엇을 해야 할지 파악하고 실행하라. 당신의 삶에 타인의 계획을 끼워넣지 마라. 좀비 무리를 따라가지 마라. 더 짧은 시간에 더 많은 일을 처리하고, 가치가 낮은 모든 일을 아웃 소싱하고, 당신의 이상적인 라이프스타일을 창출하는 레버리지 철학을 가지고 당신의 방식대로, 당신의 의도대로, 계획에 따라 삶을 살아가라. (중략) 더 전략적으로, 더 체계적으로 일하고 당신의 비전에 집중할 시간을 최대화하고, 단순 작업과 시간 낭비를 철저하게 배제해야 한다. 그로부터 레버리지는 시작된다."

'레버리지'란 단지 싼 이자의 돈을 빌려서 투자해 빌린 이자보다 높은 소득을 올리는 방법만을 일컫는 것이 아니다. 사람을 고용해서 함께 일하는 법을 개혁해 시간을 레버리지하고, 심지어 아이디어까지도 레버리지할 수 있다. 이 단계부터는 레버리지를 사용하는 방법을 스스로 연마해야 한다.

레버리지를 잘한다는 것은 포기 여부도 정확하게 안다는 것과 같은 말이다. 이제 혼자서 모든 것을 할 수 있는 시기를 넘어선 수준이 되었다. 부가가치가 높은 일에 시간과 에너지를 투자해야 하고, 나머지는 모두 레버리지를 이용해서 처리해나가는 방법을 스스로에게 연습시켜야 한다. 그래야 진정한 경제적 독립과 삶의 자유를 찾을 수 있다. 제8단계를 넘어서 제9단계에 진입하려면 생활 전반에 걸쳐 레버리지의 방법화가 이루어져야 한다.

◈ 터틀 스텝 제9단계 ◈

연 지출 25배의 순자산을 만들어라

경주에서 이긴 거북이

빠르게 헤엄쳐서 강을 건넌 거북이는 결승점까지 단 열 걸음만을 남겨두고 있다. 수영을 못 하는 토끼는 주변의 나뭇가지를 모아 건널 다리를 만드느라 몸과 마음이 급하다. 그러다 미끄러져 물에 빠져 허우적거리기도 한다. 거북이가 마지막 열 걸음을 내디뎌 드디어 먼저 결승점에 도달한다. 뒤돌아보니, 그제야 나뭇가지로 만든 다리 위로 급하게 뛰어오던 토끼가 결국 물에 빠지고 만다.

은퇴 후 필요한 돈은 서로의 상황에 따라 다르다. 어느 나라에서 은퇴하는지, 은퇴 시 생활하기 위한 최소한의 돈은 얼마인지, 은퇴 후 풍요롭게 즐기면서 살고 싶은지, 현재 건강 상태는 어떤지에 따라 제각기 다를 것이다. 그래서 일반적으로 많이 목표로 하는 '4% 법칙'으로 접근해보고자 한다.

4% 법칙은 1994년 윌리엄 벤젠William Bengen이라는 재무설계사

가 연구해 발표한 법칙이다. 은퇴 시 가진 총금액의 4%로 매년 사는 방법을 말한다.

4% 법칙에서는 매년 쓸 필요비용의 25배를 모아야 한다. 만약 필요한 1년 생활비가 4만 달러라면 25배인 100만 달러를 모아야 한다. 여기서 말하는 건 부채 없는 순자산이다. 그리고 이 금액의 4%인 4만 달러를 빼서 쓰는 것이다. 어떤 해에 인플레이션이 생겨 물가가 올라가면 그때는 그전 해보다 오른 인플레이션 정도를 더해서 사용해도 좋다. 즉, 2%였던 인플레이션이 3%로 올라간 해에는 5%를 빼서 써도 된다. 물론 이렇게 계속 빼서 쓰면 언제가 돈이 바닥나지 않을까 걱정될 수 있다.

예를 들어 100만 달러를 모으고, 1월 1일에 1년 생활비 4만 달러를 인출했다면 통장엔 96만 달러가 남는다. 이 금액을 주식이나 채권시장에 투자해둔다고 가정해보자. 현재 미국 S&P500 ETF의 평균 수익률은 1년에 9.8%이다. 아주 보수적으로 생각해서 1년 수익률을 5%라고 가정하면, 96만 달러에 5%가 더해지면 100만 8천 달러가 된다. 원래 원금이던 100만 달러보다 8천 달러가 늘어난 금액이다. 그 다음해 그리고 그 다음해에도 원금은 줄어들지 않는 '황금알을 낳는 거위'가 생기는 것이다.

어쨌든 여기까지 왔다면 경제적 독립을 성취했다고 말할 수 있다. 나는 개인적으로 이 제9단계까지의 도달 시간을 터틀 스텝 시작점부터 15~20년 사이로 생각한다. 이 단계에서는 은퇴를 해도 된다. 제7.5단계에서 시작한 사업이 시스템에 의해 스스로 굴러가고 있다면,

'반은퇴Semi-retired'를 해서 사업을 지시, 감독하며 소득을 불려나가도 된다. 미국 백만장자의 20%만이 실제로 은퇴하고, 나머지 80%는 여전히 일을 한다. 특히나 66%의 백만장자는 사업을 소유하고 있다는 사실을 참고하자.

그리고 이 단계에 도달할 때까지 함께해온 사람이 있다면, 그 사람은 앞으로 남은 인생까지 함께해도 된다. 함께 일해온 직원일 수도 있고, 돈을 벌기 위해 인간관계를 소홀했음에도 불구하고 내 곁에 남은 진정한 친구일 수도 있다. 이제부터는 이 사람들에게 정말 최선을 다해라.

나 역시 오랫동안 함께 일한 분들에게는 그들을 전적으로 믿고 일을 맡긴다. 혹시나 그들이 "실수해서 내 사업에 나쁜 영향을 주면 어떡할까?"라고 걱정하지 않는다. 물론 나도 사람을 쉽게 믿지 않는 스타일이다. 그대신 믿기로 마음먹으면 전적으로 일임한다. 이 단계까지 왔는데 여전히 혼자서 모든 걸 하겠다고 고집하면 가장 중요한 터틀 스텝 제1단계인 건강을 지키기가 힘들어진다. 이미 내가 삶의 주체가 되어 살고 있는데 두려워할 게 뭐가 있겠는가? 이 단계까지 오는 데 들인 노력으로 자연스레 갖춰진 사업 능력과 생활 능력은 이미 어떤 시스템 안에서 사람 보는 눈을 주었을 것이다. 이제 드디어 삶의 주체가 되었고 자유를 얻게 된 것이다. 이제부터 꿈꾸고 원하던 일을 하면서 살면 된다.

진정한 자유를 찾아라
(수동적 소득이 지출의 1.5배가 되게 하라)

바다로 휴가 가는 자유로운 거북이

본인이 이겼다는 것이 믿기지 않는 거북이. 약속대로 토끼의 간을 빼앗을 수 있으나, 너그러이 용서하고 간을 빼앗지 않기로 한다. 대신 토끼는 거북이가 먹을 물고기를 매달 보낸다는 약속에 도장을 찍었다. 이제 거북이는 물고기를 직접 잡으러 다닐 필요가 없어져 시간이 넘쳐난다. 말로만 듣던 바닷가로 휴가를 떠난다. 바닷가에 도착해 크게 숨을 들이쉬니 기분이 그렇게 상쾌할 수가 없다.

자, 이제 드디어 제10단계다.

터틀 스텝 제8단계의 중간을 넘어서면서 레버리지를 사용해 부를 늘려 왔다. 이때부터는 나의 자유시간을 어느 정도 늘려도 제10단계까지 오는 시간이 크게 단축된다. 일은 줄었지만 성장은 오히려 더 빨라진다. 앞서 제9단계까지 도달시간으로 15~20년을 잡았으나 그보다 훨씬 빨리 도달할 수도 있다.

사업 시스템과 레버리지를 이용해 투자하면 아주 빠른 속도의 '무빙워크'에 올라탈 수 있다. 나도 사업초기에는 돈 버는 속도가 아주 더디었다. 그러다 10년째 되는 그해의 순이익이 갑자기 170만 달러가 되었다. 그 이전까지 투자한 시간, 에너지, 스트레스가 한순간에 응집되어 나타난 것이다. 물론 모든 사업이 그렇듯 정점을 찍으면서 점차 하향곡선을 타고 안정화되는 시기가 온다. 바로 그 시점이 사업에서 안정적으로 벌어들일 소득의 평균점인 경우가 많다. 그럴 경우 사업의 소득 곡선을 한 번 더 올리기 위해서는 새로운 아이디어나 상품을 내세워야 한다. 이걸 반복해가면 사업 역시 결국은 주식시장처럼 변동성을 유지하면서 우상향하게 된다.

내 사업 역시 지금 개발하고 있는 소프트웨어 프로그램이 완성되면, 다시 한번 사업의 성장곡선이 올라갈 것으로 확신한다. 터틀 스텝 제9, 10단계부터는 크게 스트레스를 받지 않고 오히려 게임처럼 일이 재미있어진다. 자신이 낸 아이디어가 실현되면 그 희열은 상당할 것이다. 그렇지 않더라도 크게 실망할 필요가 없다. 다시 하면 되고 안 해도 크게 상관없다. 이미 경제적 자유와 시간적 자유를 소유하고 있기 때문이다.

이 단계에서는 수동적 소득이 지출의 1.5배가 되도록 만드는 일이 아주 중요하다. 미국 백만장자의 또 다른 공통점 중의 하나가 바로 '소득 파이프라인의 다양화'이다. 그들 대부분은 3~4개의 소득 파이프라인을 가지고 있다.

나 역시 지금 메인으로 하는 사업과 더불어 부동산 사업, 주식을 통한 배당금, 그리고 다른 회사에 직접 투자해서 받는 배당금 등 소득의 파이프라인이 다양하다. 이중 부동산과 주식배당금을 통해 버는 소득이 바로 '수동적 소득'이다. 이런 종류의 소득을 '패시브 인컴passive income'이라 부르기 때문에 나는 '수동적 소득'이라 해석하는 것이다. 나는 '불로소득'이라는 표현을 좋아하지 않는다. 이런 종류의 수동적 소득은 '불로', 즉 노동하지 않고 버는 돈이 아니다. 단단한 수동적 소득을 얻기 위한 시스템을 구축하기까지는 어마어마한 노력과 시간을 투자했기 때문이다. 그렇게 투자된 시간과 노력이 '불로'라 불리는 일엔 동의할 수 없다.

수동적 소득을 내가 사용하는 지출액의 1.5배까지 만들었을 때, 시간을 활용하는 일이 온전히 자신의 결정 안으로 들어오게 된다. 이제부터 진정한 자유를 갖게 되는 것이다. 제10단계까지 이른 내공이라면 지출액의 1.5배는 어렵지 않게 달성할 수 있다. 방법을 모르겠다면 투자전문가들에게 부탁하는 것도 좋다. 그리고 가끔씩 그들이 운영해주는 펀드 등을 정기적으로 체크하고 상담하는 것은 잊지 마라.

현대사회는 어떤 한 사람이 삶에 만족한다는 사실을 마치 죄악처럼 취급하기도 한다. 기술이 발전함에 따라 인간에게 삶의 여유가 늘어나야 함에도 불구하고, 그 여유 시간을 다시 타인과의 경쟁을 위해 공부하는 시간으로 써야 하는 게 현실이다.

그럼 언제 멈출 수 있을 것인가? 항상 바쁘고 계속 발전해나가는 사람만이 이 시대에 어울린다는 생각에 난 반대한다. 멈출 줄 모르면 보다 중요한 것들을 잃기 때문이다. 자신의 진짜 우선순위인 건강과 가족을 놓치고, 결국 삶의 끝에 가서는 혼자서 다 쓰지도 못하는 돈만 남겨둘지도 모른다. 그러므로 적정한 시점을 찾아 멈출 줄 아는 자가 진정한 승자다.

모든 일, 모든 노력을 완전히 그만두고 집에 앉아 스마트폰이나 만지작거리는 걸 목표로 삼으라는 게 아니다. 치열하게 노력했으니 이제 서행해야 한다는 것이다. 열심히 달렸다면 천천히 걸을 줄도 알아야 한다. 누구나 수영을 처음 배울 때는 물에 빠지지 않기 위해 힘차게 발을 차고, 앞으로 나가는 법을 배운다. 하지만 진짜 수영을 잘하는 사람은 물에 가만히 떠서 그 순간을 유유자적 즐긴다. 진짜 프로는 속도를 조절할 줄 아는 사람이다.

나는 '터틀 스텝'을 시작하는 일이 자전거를 타는 것과 마찬가지라고 했다. 페달을 밟고 앞으로 나아가기 시작했는데, 어설프게 멈추려 하다간 그대로 넘어지고 만다. 하지만 산악자전거 타기 프로선수는 정지한 상태로도 상당 시간 자전거 위에 안정적으로 서 있을 수 있다. 진정한 실력을 쌓은 후라면 본인이 속도와 상태를 조절할 수 있게 된다. 만약 서행하다 다시 속도를 올려야 하는 시기가 찾아온다면 거뜬히 다시 패달을 밟으면 된다. 이미 내공이 충분히 쌓였기 때문에 아주 쉽고 힘차게 나아가며 속도를 낼 수 있다.

많은 일을 실행함에 있어서 빠른 속도가 요구되기도 한다. 하지만 돈을 벌고 삶의 질을 쌓아 감에 있어서는 천천히 가야 인생의 우선순위를 놓치지 않을 수 있다. 당신이 꼭 부자 되는 '터틀 스텝 10단계'에 도달하고 서행하는 법도 누리는 사람이 되기를 바란다. 그때서야

'욜로'라는 말도 빛을 발할 것이다. 한 번 사는 인생에서 정말 중요한 것이 무엇인지 다시 한번 우선순위를 되새김해보자.

나는 서행하는 법을 몰라서 건강을 잃어버릴 뻔했다. 아이들이 자라나는 소중한 모습은 물론 지금 살며 마주하는 모든 것들도 못 볼 뻔했다. 다행히 너무 늦지 않았을 때 이 방법론을 깨달았다. 지금은 터틀 스텝 제10단계에 도달해 느린 삶을 만끽한다. 이런 느린 삶을 누리고 싶다면 터틀 스텝 제9~10단계에 도달하고 나서 시작해야 한다. 자신이 추구해야 할 적절한 삶의 속도를 모르는 것만큼 멍청한 삶은 없다. 물론 그중 건강이 언제나 최우선으로 중요하다.

여기까지 왔다면 좋은 옷이든, 좋은 차든 원한다면 다 가질 수 있다. 맛있다고 소문난 음식이나 고급스러운 음식도 이미 먹어봤기 때문에 이후에는 꼭 먹고 싶다는 갈망을 필요로 하지 않을 것이다.

예쁘게 장식된 음식이 나와도 당연히 사진을 찍지 않는다. 굳이 남에게 그 사진을 보여줄 필요성을 못 느끼기 때문이다. 돈을 벌어 하고 싶은 것들을 막상 해보면 처음에는 흥분되나 시간이 지남에 따라 그 감각에 적응되어 엄청난 행복을 느끼지 못한다. 어느 순간까지는 행복감이 자산과 비례해 늘어나지만 정점을 만나면 행복감은 하향하게 된다고 연구에서 밝혀졌다.

삶이 항상 다이내믹하고 흥분되는 일들로 가득한 것이 아니라 하루하루 반복되는 루틴에 가깝기 때문이다. 그 반복에서 오는 허무한 감정을 이기기 위하여 겉보기에 화려한 삶을 살고 기행을 일삼는 부자도 많다. 그런 모습은 삶에 만족하지 못하고 마음속 깊은 어딘가에 불안감과 공포를 지녔음을 반증한다. 그 공포는 스스로를 다스리지 못하는 상태에서 기인한다. 마치 자기가 이룬 수준의 또 다른 누군가의 삶과 자신의 삶을 비교하고 텅 빈 깡통에 돈만 가득 넣어 버린 것처럼.

그래서 터틀 스텝 제10단계에 다다르면, 제1단계부터 꼼꼼히 밟아온 터틀 스텝 과정이 더욱 중요해진다. 기초를 단단히 밟아온 당신은 주변 상황과 자신을 비교하며 쉽게 흔들리지 않는다. 알량한 자존심을 지키기 위해 공포에 사로잡혀 있으면서도 그 공포를 숨기려고 자만과 허세를 부리는 인간은 되지 않을 것이다.

단계적으로 돈을 벌어나가는 방법론은 이처럼 삶을 살아나가는 태도와 연관이 있다. 타인을 제대로 해석하고 겉보기에 지는 삶이라도 웃을 수 있다. 할 수 있는데 하지 않는 것과 할 수 없어서 못 하는 것의 차이를 이해하기 때문이다. 그때 진정한 여유가 생기고 평안해진다.

하지만 제10단계에 이르면 허무한 감정이 크게 몰려올 수도 있다. 목표를 달성했기 때문이다. 이제 돈 걱정은 안 하고 살지만, 왠지 삶이 허무한 듯 느껴지기 시작한다. 준비된 공연이 끝나면 음악가나 예술가들은 상당한 허무함을 느낀다고 한다. 오랜 기간 준비했던 무대를 몇 시간 동안 보여주고 난 뒤 밀려오는 허무함이다.

난 이 기분이 어떤 기분인지 이해한다. 제10단계까지 오직 나의 목표가 '돈 벌기' 하나였기 때문에 막상 경제적으로 안정되자 허무함도 함께 왔다. 이때 최고의 약은 바로 베푸는 삶을 사는 것이다. 좋은 음식과 좋은 기회를 주변 사람과 함께 나누는 삶을 살기를 바란다. 이 단계에 도달해 베풀지 않는다면 진짜 구두쇠가 되는 것이다.

이제부터는 남에게 베풀며 조금씩 손해 보고 살아도 된다. 주변 사람에게 베풀고, 불특정 다수에게는 매년 정해진 금액으로 도움을 나누자. 허무한 마음이 사라지고 보람을 찾을 수 있을 것이다.

예상보다 돈을 더 많이 벌었다면 기존에 정해놓은 금액에서 더 올려서 기부하자. 기부하면 세금도 공제해주므로 전혀 손해날 게 없다. 나는 매년 여러 단체들에 기부한다. 이번 코로나 팬데믹으로 내가 살고 있는 주州가 락다운lockdown되었을 때에도, 내가 처음 전화를 건 곳은 평소에 알고 지내던 병원이다. 저소득층이나 불법 이민자를 돌봐주는 병원이라 항상 예산이 모자랐다. 어려운 때일수록 이런 사람들은 더 힘든 삶을 살게 된다. 그래서 코로나 바이러스 검사 키트를 사는 데 쓸 돈을 기부했다. 병원은 반갑고 감사하게 기부를 받아주었고, 지금도 조금이나마 그들에게 도움이 되었다는 사실이 기쁠 뿐이다.

예나 지금이나 대한민국에서 성공하거나 흔히 말하는 출세出世한 사람의 기준은 돈이 있어야 하고, 학벌도 좋아야 하고, 인성도 좋아야 한다. 이 삼박자를 갖춰졌을 때 비로소 스스로가 명예롭다고 생각하는 것 같다. 아마 전 세계에서 가장 까다로운 성공의 조건이 아닐까 싶다. 그러기에 나의 젊은 시절은 이상보다는 야망을 품고 살아온 흔적만 지녔다.

나는 지금의 밀레니얼에게 차라리 돈을 벌고 성공하겠다는 자본주의적인 포부와 야망을 가지고 살라 충고하고 싶다. 이상을 갖고 살기에는 세상이 그리 호락호락하지 않기 때문이다. 야망을 가지고 하루하루 독하고 집요한 삶을 살자. 원하는 수준의 삶을 이루려면 이상을 갖는 일보다 우선시되어야 살아남는 사회이기 때문이다. 물론 그것이 다는 아니다. 그렇게 야망을 품고 '터틀 스텝 10단계'를 밟고 나서 '이상을 꿈꾸는 삶'을 살아도 늦지 않는다. 그렇게 살기를 바란다.

어디까지나 돈 버는 가장 기본적인 이유는 내가 잘살기 위함이다. 내가 먼저 잘살고, 내가 사랑하는 가족을 보호할 수 있는 환경을 마련해주자. 그러고 나서 내가 돈을 벌게 해준 사회에 다시 돌려주는 것이 맞다고 생각한다.

최근에 내겐 큰 꿈이 생겼다. 내 큰딸 같은 장애인이 근무할 수 있는 사업체를 만드는 것이다. 지금 내 투자용 통장에 돈이 늘어감에 따라, 내가 구상하는 사업이 함께 실현될 수 있다는 생각으로 흥분된다. 그리고 반드시 그 꿈이 이루어질 것이라는 것도 믿는다.

에필로그

나 자신의 욕망을 이해하고 실현하는 법

이 책을 쓰는 동안에도 세상에는 많은 일이 일어났다. 너무 빨리 변하는 세상이라 따라잡기가 버거울 정도다. 그러다 보니 우리는 항상 무언가에 쫓기듯 살아가게 된다. 또한 남들과 자꾸만 비교하게 된다. 남들은 항상 나보다 더 앞서 있는 듯 보인다. 그래서 남들을 보고 경쟁하기 시작하면 끝이 없다. 내 옆에 있는 한 명을 이기면 또 다른 경쟁자가 앞줄에 백 명이나 서 있기 때문이다.

결국 경쟁은 나 스스로와 해야 한다. 나를 이겨야 경쟁에서 이긴다. 나를 이기려면 나를 알아야 한다. 하지만 생각보다 나를 안다는 일이 쉽지는 않다. 나를 이해하고, 나와 세상의 관계를 이해한 이들을 우리는 선지자로 존경한다.

나의 '욕망'과 '야망'이라는 진실에 가까워질 때 비로소 '이상'이 무엇이었는지 생각할 여유도 갖게 된다. 우리가 할 수 있는 것은 그때까지 거북이처럼 묵묵히 걸어가는 일이다. 그 수밖에는 없다. 토끼가 뛰어가든 날아가든, 그게 토끼의 천부적인 재능이든 상관하지 말고 나는 내 길을 가야 한다.

미래학자 앨빈 토플러는 그의 책《부의 미래Revolutionary Wealth》에서 우리가 현재 겪는 혼란과 충돌은 속한 집단이 각기 변화를 따라잡는 속도의 차이에 있다고 설명한다. 사업체들이 변하는 속도가 100마일이라면 그 차 안에 탄 우리가 변하는 속도는 90마일이다. 이에 반해 사업체들과 개인을 통제하고 관리하는 정부 조직의 변화 속도는 25마일로 보며 학교 교육은 10마일로 변하고 있다고 설명한다.

예를 들어 보면 쉽게 이해가 간다. 개인이 느끼는 한국 부동산 시장의 변화 속도는 엄청나게 빠른데 정부 조직이 발표하는 계획들은 한참이나 뒤처져보인다. 앨빈 토플러의 말에 따르면 정치인들이 무능하다기보다 정부 관료 조직의 자체적인 변화 속도가 우리 일상의 변화 속도를 따라잡지 못하기 때문이다.

우리 일상은 하루가 다르게 빠른 속도로 변화한다. 그러다 보니 우리 역시 함께 빠르게 변화해야지만 살아남을 것 같은 불안감을 느끼고 같이 속도를 올린다. 그러나 잘못된 방향으로 계속 올린 속도는 결국 내가 원하던 목표보다 더 먼 곳에, 더 빠르게 나를 데려다놓을 뿐이다. 나는 우리를 잘못된 방향으로 이끄는 대표적인 조언이 "열심히 일하면 바보다.", "빚으로 돈을 버는 것이다."라는 말이라고 생각한다.

요즘은 한국이나 미국이나 연일 유동성의 잔치가 벌어지고 있다는 기사들을 접한다. '유동성'이란 돈이 시중에 많이 풀려 있다는 이야기다. 그런데 이상하게 그 많은 돈이 나에게는 오지 않는 것 같다. 유동성의 실체는 돈의 가치, 즉 금리가 떨어졌다는 것이다. 그 말은 "돈을 빌리기가 쉬워졌다."라는 의미이다. 그런데 돈을 빌리기 쉬운 개인이나 집단의 처지는 당신과 다를 수 있다. 헤지 펀드는 어마어마한 큰돈을 쉽게 싼 이자에 빌릴 수 있을지 몰라도 우리는 돈을 빌리기 쉽지 않다. 설사 빌릴 수 있어서 그 돈으로 집을 사더라도 만약 그 한 번이 틀어지면 다시 일어서기 힘들어진다. 그래서 빚을 지는 일이 평범한 우리에게는 도박이 되는 것이다. 나는 단 한 번뿐인 인생에서 굳이 도박할 필요는 없다고 생각한다. 그 길 말고도 충분히 부자가 될 수 있는 방법이 있기 때문이다.

밀레니얼 세대라면 내 말이 '꼰대'의 말로 들릴지 모른다. 왜냐하면 나 역시 부모 세대가 하는 말들을 그렇게 이해했기 때문이다. 내가 어렸을 때부터 아버지는 누구보다 영업 일을 열심히 하신 분이다. 일주일에 하루만 집에 오고 나머지 6일은 타지에서 출장을 다니며 일했다. 대중교통을 이용해 도시들을 다니면서 영업했는데 그 당시에는 술을 마시며 영업하는 것이 다반사였던 관계로 아버지는 그때부터 알코올 의존증을 앓게 되었다. 그렇게 어렵게 십 년간 모은 돈으로 사업하다 실패했고, 영업직으로 다시 돌아가서 어려운 기간을 보내다 겨우 빚을 다 갚았다. 70대 중반을 넘긴 지금 역시 그 일을 하고 있다.

나는 어렸을 때 아버지가 너무 바쁘게 살고 술을 많이 드시는 모습을 이해하지 못했다. 하지만 나이 50을 바라보는 지금은 아버지의 모습 하나하나가 이해되고 그 힘든 시절을 견뎌온 부모님이 그 누구보다 존경스럽다. 내가 부모님에게 가장 크게 배운 것은 '열심히, 치열하게 산 그 모습'이다.

안타깝게도 세대가 바뀌면 다음 세대와 소통하는 방법이 더 요원해질 듯하다. 소통은 어려워질지 몰라도 기본은 변하지 않을 것이라 믿는다. 우리 부모님에게 배웠던 '열심히, 치열하게 사는 삶'이 내가 경제적 자유라는 '진정한 자유'를 얻게 하는 데 가장 큰 배움이었기 때문이다. 내 경험이 반드시 밀레니얼에게도 효력이 있다고 할 수는 없으나 기본이 튼튼하면 어떤 상황에서도 다시 시작하고 일어날 수 있을 것이다.

지금은 인생 100세 시대다. 인간의 수명이 100년이라면 성인이 된 후 최소한 5번 이상의 기회가 찾아온다. 기본적인 준비가 되지 않은 상태에서 기회를 잡으려고 하면 오히려 구렁텅이에 빠지게 된다. 평소 생활 습관으로 건전하고 꾸준한 투자를 계속해왔다면, 위기가 왔을 때 내 자산 가치가 조금 내려가더라도 기다리면 다시 기회가 온다. 그리고 내가 꾸준히 투자해놓은 것들이 크게 성장한 모습을 마주하게 될 것이다.

이 책의 메시지이자 내가 제시한 실전 '터틀 스텝' 단계론을 통해, 거북이처럼 느리고 묵묵히 자신만의 길을 걸어보자. 그리고 여러분의 진정한 자유를 꼭 찾길 바란다.

마지막으로 부족한 원고를 본인의 책처럼 다듬어준 유민정 작가와 출판을 결심해준 리드리드출판 임직원에게 진심으로 감사드린다.

비관론자는 모든 기회 속에서 어려움을 찾아내고,
낙관론자는 모든 어려움 속에서 기회를 찾아낸다.

윈스턴 처칠

변화는 고통을 수반한다.
아주 소수의 사람만이 변화를 추구하는 용기가 있고,
대부분의 사람은 현재의 고통이 변화의 고통보다
더 심해질 때만 변화하려고 한다.

데이브 램지